キャリア教育に活きる！

仕事ファイル

センパイに聞く

36

健康の仕事

シューズ商品企画
オンラインヨガインストラクター
体組成計開発
健康食品マーケティング
アスレチックゲーム宣伝
寝具メーカー広報

小峰書店

小峰書店 編集部 編著

36 健康の仕事

Contents

※この本に掲載《けいさい》している情報《じょうほう》は、2022年４月現在《げんざい》のものです。

File No.205

シューズ商品《しょうひん》企画《きかく》

Footwear Products Planner

ミズノ
小澤《おざわ》 愛《めぐみ》さん
入社10年目 32歳《さい》

子どもから大人《おとな》まで
はきやすくて動きやすい
シューズをつくります

健康な体をつくるためには、はく人の足にあったシューズも大切な要素《ようそ》です。多くの人がほしいと思うシューズはどうやって生まれるのでしょうか。スポーツ用品メーカーのミズノで、シューズの商品《しょうひん》企画《きかく》をしている小澤愛《おざわめぐみ》さんにお話をうかがいました。

Q シューズ商品企画《しょうひんきかく》とは どんな仕事ですか？

私はスポーツ用品メーカーのミズノで、日常《にちじょう》やウォーキングのときにはくシューズと、子ども用のシューズを企画《きかく》する仕事をしています。靴《くつ》づくりは、企画《きかく》のほか、開発・デザイン・調達の担当《たんとう》がいっしょに進めていきます。

まず、新商品の企画《きかく》を考えるために、ミズノに会員として登録してくれている人にインタビューをしたり、会社名をふせて大勢《おおぜい》の人を集めてアンケートをとったりします。そこで、どんなシューズが求められているかを調査《ちょうさ》していきます。例えばインタビューで「靴《くつ》の左右をまちがえてはく子どもが多い」という意見があれば、「中敷《なかじ》きを左右で合わせるとひとつの絵柄《えがら》になるようにしてはどうでしょうか？」などと提案《ていあん》して、お客さまの反応《はんのう》を見ます。また、「ひと目でミズノとわかるロゴを入れてほしい」という要望には、どこにロゴが入っているとおしゃれに見えるか、意見を集めます。

次に、それらお客さまの意見を参考に、どんなシューズにするのか決めていきます。各担当者《かくたんとうしゃ》が同じイメージを共有できるように「どんなお客さまに届《とど》けたいか」という説明や、商品の内容《ないよう》がわかる資料《しりょう》づくりに時間をかけます。購入《こうにゅう》してくれるお客さまをできるだけ具体的にイメージすることが重要で「○歳《さい》ぐらい／子育て中／会社員／ミズノが好き」というような人物像《じんぶつぞう》をできるだけくわしく思《おも》い描《えが》き、まわりに伝わるように資料《しりょう》をまとめていきます。

マーケティングの部署《ぶしょ》の担当者《たんとうしゃ》が考えた企画《きかく》が社内で通り、製作《せいさく》が決まると、開発担当者《かいはつたんとうしゃ》とシューズの構造《こうぞう》を決めます。同時に、どんな見た目にするか、デザイン担当者《たんとうしゃ》とデザインを決めます。そのデザインを実現《じつげん》するため、使う素材《そざい》を調達担当者《ちょうたつたんとうしゃ》と相談し、試作品をつくります。素材《そざい》やデザインを調整して２～３回試作品をつくり、最終決定を経《へ》て、工場で生産します。ここまでの工程《こうてい》で、私が各担当《かくたんとう》者《しゃ》と何度も打ち合わせして、ひとつの商品が完成するのです。

試作品が届《とど》くと、はき心地を確《たし》かめたり、デザインや調達の担当者《たんとうしゃ》と、シューズのサイズや紐《ひも》の長さなどを確認《かくにん》したりする。

Q どんなところが やりがいなのですか？

自分がたずさわったシューズをはいている人を見かけたときや、SNS《エスエヌエス》でよりよい反応《はんのう》を見たときはうれしいですね。SNS《エスエヌエス》はお客さまの率直《そっちょく》な意見が聞ける貴重《きちょう》な場所だと思っているので、よくチェックしています。

私はファッションブランドと共同製作《きょうどうせいさく》するシューズも企《き》画《かく》しているので、Instagram《インスタグラム》を活用して、相手のブランド名のハッシュタグ※がついているページを見ることも多いですよ。「子どもが気に入って２足目です」とか、「子どもが初めて自分ではけました」といったコメントを見たときはうれしく、やりがいを感じます。

小澤《おざわ》さんが企画《きかく》したシューズ。新商品と改《かい》良版《りょうばん》をふくめて、つねに15足ぐらいの企画《きかく》を同時に進めている。

小澤《おざわ》さんのある１日

09：30 出社。メールやSNS《エスエヌエス》を確認《かくにん》して業務《ぎょうむ》開始

▼

10：30 デザインの打ち合わせや、商品を共同製作《きょうどうせいさく》する企業《きぎょう》との打ち合わせ

▼

11：30 企画書《きかくしょ》の作成

▼

12：00 ランチ

▼

13：00 資材調達《しざいちょうたつ》の打ち合わせや、試作品の確認《かくにん》など

▼

18：00 退社《たいしゃ》

用語 ※ ハッシュタグ ⇒ Twitter《ツイッター》 や Instagram《インスタグラム》 などの SNS《エスエヌエス》 の投稿内容《とうこうないよう》のタグとして使われる「#」（ハッシュマーク）のついたキーワードのこと。同じことに興味《きょうみ》をもっている人たちの投稿《とうこう》が検索《けんさく》しやすくなる。

調達の担当者《たんとうしゃ》との打ち合わせ。購入層《こうにゅうそう》のイメージを共有するために、資料《しりょう》を見せるだけでなく、担当者《たんとうしゃ》と積極的にコミュニケーションをとることを心がけている。

Q 仕事をする上で、大事にしていることは何ですか？

「だれかをハッピーにする商品をつくる」ことをいちばん大事にしています。ひとりでも多くの人のお気に入りの一足を提案《ていあん》できるように、できる限《かぎ》りお客さまを具体的にイメージする必要があります。例えば、おしゃれが好きなお客さまを想定する場合、SNS《エスエヌエス》や雑誌《ざっし》などから情報《じょうほう》を積極的に集めたり、ファッションブランドの新作をチェックしたりして、最新の流行を企画《きかく》に反映《はんえい》できるようにしています。

もうひとつ、スケジュール管理も重要です。ひとつの商品ができるまでに複数《ふくすう》の部署《ぶしょ》が関わるので、担当者《たんとうしゃ》どうしの都合が合わないなど、予定通りに進行しないことが多いです。少しの時間もむだにしないように、自分のやることを整理してリストをつくっていますが、今も試行錯誤《しこうさくご》しながらスケジュールを管理しています。

Q なぜこの仕事を目指したのですか？

海外へのあこがれが強く、アメリカのオクラホマ州にある大学に入学しました。大学でホスピタリティ※を学ぶにつれて、人に接《せっ》するときの丁寧《ていねい》さや街のきれいさなどを思い出し、日本はいい国だと感じました。日本をはなれた大学の４年半で、改めて日本のホスピタリティの高さに気づき、日本のよさをもっと世界に広めることに貢献《こうけん》していきたいと考えるようになりました。とくに日本のものづくりには高いホスピタリティの精神《せいしん》を感じ、就職《しゅうしょく》は日本のメーカーを志望《しぼう》していました。また、スポーツは見ている人を感動させるので、スポーツメーカーに入りたいと考えるようになり、ミズノを選びました。

Q 今までにどんな仕事をしましたか？

入社後は４年間、スポーツ用品ショップに営業《えいぎょう》をする仕事をしていました。各店舗《かくてんぽ》で商品の買い付けを担当《たんとう》する人に、自社製品《じしゃせいひん》を売りこむ商談がおもな業務《ぎょうむ》です。商品を売ってもらうために、店舗《てんぽ》の方に向けた勉強会を開催《かいさい》したり、商品をお客さまの目につきやすい場所に陳列《ちんれつ》してもらったりしました。「この地域《ちいき》の学校の運動会の靴《くつ》は白限定《げんてい》」と聞いて、自社商品の品ぞろえを変えて提案《ていあん》したこともありました。

また、人間は歳《とし》をとると足の筋肉《きんにく》がおとろえて、土踏《つちふ》まずのくぼみが広がり、足のはばも広くなります。このときお客さまははばが広い靴《くつ》を求めがちですが、じつはくぼみを支《ささ》える靴《くつ》の方が健康にはよいということも先輩《せんぱい》から教わり、商品説明の勉強会で取り入れていました。現在《げんざい》の企画担当《きかくたんとう》になり、これまでに50足ほどを手がけましたが、こういった営業時代《えいぎょうじだい》の知識《ちしき》はとても役に立っていると思います。

Q 仕事をする上で、難《むずか》しいと感じる部分はどこですか？

シューズの企画《きかく》には正解《せいかい》がないという部分です。例えば、どんな商品にしたらよいかお客さまに直接《ちょくせつ》意見を聞いたり、オンラインのアンケートで3000もの意見を集めたりするのですが、意見がありすぎると今度は何を商品に反映《はんえい》すればよいのか迷《まよ》います。しかし、意見の中から何を選びとって、企画《きかく》に反映《はんえい》させるかを決めるのも私の仕事です。そのため、自分で納得《なっとく》するまで情報《じょうほう》を集め、先輩《せんぱい》や上司にも意見をもらい、最後は自分で総合的《そうごうてき》に判断《はんだん》して企画《きかく》を立てます。

正解《せいかい》のない問題に対して、選択肢《せんたくし》のなかからひとつを選び、決断《けつだん》するのは責任《せきにん》も大きく、難《むずか》しいですね。

「お客さまの意見を聞けば価格《かかく》は安い方がよいという意見が多くなるのは当たり前です。利益《りえき》を出しつつ、買ってもらえる価格《かかく》にするために、徹底的《てっていてき》に情報《じょうほう》を集め、判断材料《はんだんざいりょう》を増《ふ》やします」

用語　※ ホスピタリティ ⇒ 心のこもったおもてなしのこと。快適《かいてき》で心地よいと感じられるような対応《たいおう》や、環境《かんきょう》を整えること。

手帳

巻《ま》き尺《じゃく》

PICKUP ITEM

愛用している手帳と巻《ま》き尺《じゃく》。手帳は、1週間の間にやることを書き出しておき、時間のむだが出ないように仕事を整理して進めている。巻《ま》き尺《じゃく》はおもに試作品を確認《かくにん》するときなどに使う。かわいいカバーがお気に入り。

Q ふだんの生活で気をつけていることはありますか？

シューズに関する最新の情報《じょうほう》を得《え》たり、お客さまのことを理解《りかい》したりするために、つねにアンテナを張《は》っています。街にはお客さまがほしいものや情報《じょうほう》があふれているので、なるべく外に出て探《さが》します。企画《きかく》の担当《たんとう》になってからは、とくに美術館《びじゅつかん》などに行って芸術《げいじゅつ》にふれるようにしています。アンケートなどから、芸術《げいじゅつ》や美術品《びじゅつひん》などに関心のある方が多いことがわかったからです。その方たちが関心のあるものを理解《りかい》したいと思っています。

また、ファッションに関するニュースも集めています。海外ではスリッパが売れているとか、手を使わずはける靴《くつ》が注目されているといった、衛生面《えいせいめん》を気にするコロナ禍《か》だからこその流行もあります。そういう「時代ならでは」の情報《じょうほう》をすばやくつかみ、企画《きかく》に活かしていきたいと思っています。

Q これからどんな仕事をしていきたいですか？

ミズノの技術力《ぎじゅつりょく》を活かしたシューズで、世界中の人々を足もとからハッピーにしていきたいと思っています。

例えば、「ミズノエナジー」はやわらかく反発性《はんぱつせい》が高い、新しいソール（靴底《くつぞこ》など）の素材《そざい》です。足が地面につくとき、高いクッション性《せい》を感じる、衝撃《しょうげき》が少なく感じると好評《こうひょう》です。

また、子ども用の「ミズノ プレモア」は、足の甲《こう》の部分（ベロ）とベルトを一体化させてはき口を広くし、はくときにベルトが開いたまま保《たも》てるようにしました。特許《とっきょ》をとったこの構造《こうぞう》は、親がはかせるときも片手《かたて》ではかせられ、また、子どもひとりでもはきやすいと好評《こうひょう》です。こういった技術力《ぎじゅつりょく》があるミズノで、今後も、さまざまなお客さまの悩《なや》みを解決《かいけつ》し、ハッピーになれる靴《くつ》を企画《きかく》していきたいと思っています。

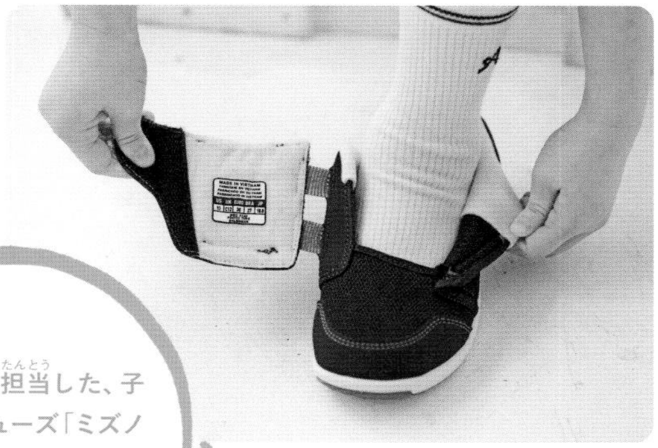

小澤《おさわ》さんが担当《たんとう》した、子ども用のシューズ「ミズノ プレモア」。お客さまの声を取り入れ、開発の担当《たんとう》者《しゃ》と協力して、ベロのないシューズをつくった。

シューズの商品企画《しょうひんきかく》として働くには……

スポーツ用品メーカーでシューズの商品企画《しょうひんきかく》になるために、とくに必要な資格《しかく》はありません。しかし、大学で経済学部《けいざいがくぶ》や、経営学部《けいえいがくぶ》、商学部などに進み、人々の行動《こうどう》分析《ぶんせき》や市場調査《しじょうちょうさ》をして、多くの人が求める商品を企画《きかく》したり、販売促進《はんばいそくしん》をしたりするマーケティングの知識《ちしき》を学んでおくと役に立ちます。

高校

↓

大学・専門学校《せんもんがっこう》

↓

シューズをつくる会社に就職《しゅうしょく》

※ この本では、大学に短期大学もふくめています。

Q この仕事をするにはどんな力が必要ですか？

リーダーシップだと思います。企画担当《きかくたんとう》は全体をまとめていく立場です。商品の基本的《きほんてき》な内容《ないよう》を決めて、デザイン部署《ぶしょ》や素材《そざい》を調達する部署《ぶしょ》などに説明をして協力してもらいます。営業担当者《えいぎょうたんとうしゃ》には、「このシューズを売りたい」と思ってもらえるように、商品のねらいを伝えます。相手に納得《なっとく》してもらうには、説得力《せっとくりょく》が必要です。また、社内外の関係者とも協力するので、交渉《こうしょう》して調整する力も必要だと思います。このように、さまざまな人と関わるので、相手の思いや、なぜそうなったのかなどをしっかり聞く力も大切ですね。

いろいろなリーダー像《ぞう》がありますが、私は人と人をつないでいくようなリーダーになれたらいいと思っています。

小澤《おざわ》さんの夢《ゆめ》ルート

小学校 ▶ イルカの調教師《ちょうきょうし》

水泳を習っていて、
イルカと泳ぎたかった。

▼

中学校 ▶ 客室乗務員《きゃくしつじょうむいん》

英語を習うようになって、
外国の人との交流に興味《きょうみ》をもった。
また、世界を飛び回る仕事にあこがれた。

▼

高校 ▶ 客室乗務員《きゃくしつじょうむいん》

初めての海外旅行で飛行機を利用し、
客室乗務員《きゃくしつじょうむいん》の仕事へのあこがれが強くなった。

▼

大学 ▶ 日本のメーカー

アメリカの大学で学んだことで日本のよさを知り、
それを世界に広める仕事がしたいと思った。
なかでも、日本のものづくりに
たずさわりたかった。

Q 中学生のとき、どんな子どもでしたか？

行事がとても好きでした。合唱祭で指揮《しき》をしたり、運動会のクラス旗を描《えが》いたりしました。なんでもやってみたいと思う性格《せいかく》で、あちこち顔を出していましたね。

小学生のときに、家の近所にアメリカ人の女性《じょせい》が引《ひ》っ越《こ》してきて、英会話教室を開き、私が最初の生徒になりました。それがきっかけで英語が好きになり、中学３年生で英語検《えいごけん》定準《ていじゅん》２級《きゅう》に合格《ごうかく》しました。英語を身につけると、さまざまな国の人とコミュニケーションがとれるとわかったのは大きな収穫《しゅうかく》でした。海外に興味《きょうみ》がわいてきて、ほかの国の人と交流したいと考えるようになったんです。世界中を飛び回る客室乗務員《きゃくしつじょうむいん》なら多くの人とふれ合う機会があると、あこがれをもっていましたね。

小学校からバスケットボールが好きだった小澤《おざわ》さん。中学でもバスケットボール部に入った。

Q 中学のときの職場体験《しょくばたいけん》は、どこに行きましたか？

２年生のときはファミリーレストランに、３年生のときは茶道教室に、それぞれ２日間ずつ通いました。

ファミリーレストランでは、キッチンで仕込《しこ》みと盛《も》りつけ、皿洗《さらあら》いなどを体験しました。茶道教室では生徒として茶道の作法を学びました。

学校が用意したリストから自分で電話をかけて職場体験《しょくばたいけん》を依《い》頼《らい》。レストランでは袴《はかま》の制服《せいふく》を着せてもらい、背筋《せすじ》が伸《の》びるような気持ちになった。

Q 職場体験《しょくばたいけん》ではどんな印象《いんしょう》をもちましたか？

ファミリーレストランは、家族で誕生日《たんじょうび》やイベントのときに行く場所だと思っていたので、昼間にサラリーマンがひとりで来て、1000円払《はら》ってパスタを食べている姿《すがた》におどろきました。また、お客さんからお金をもらうためには、きれいに盛《も》りつけて、丁寧《ていねい》な言葉を使うなど、報酬《ほうしゅう》に見合う行動や心配りも必要だと知りました。衛生管理《えいせいかんり》も大切で、丁《てい》寧《ねい》に手洗《てあら》いしたり、髪《かみ》の毛《け》が落ちないように帽子《ぼうし》をかぶったり、マスクをしたりしました。衛生面《えいせいめん》で、もし何か問題が起きたら、お店に迷惑《めいわく》をかけてしまうと思ったので、緊張《きんちょう》しましたね。

Q この仕事を目指すなら、今、何をすればいいですか？

商品を企画《きかく》するときには、自分の経験《けいけん》がヒントになります。芸術《げいじゅつ》や音楽にふれたり、旅をして、おいしいものを食べたりするなど、さまざまな経験《けいけん》をしてほしいです。

情報収集《じょうほうしゅうしゅう》も大事です。例えば、街ですてきな靴《くつ》をはいている人がいたら、どんなエリアを歩いていたか、その人のファッションや髪型《かみがた》なども観察してみるとよいでしょう。そういう街のなかにある流行の情報《じょうほう》を集めることが大切です。

また、社内で企画《きかく》を提案《ていあん》するときには、説得力《せっとくりょく》が必要です。つねに自分の考えをほかの人に説明できるように、整理する習慣《しゅうかん》をつけておきましょう。

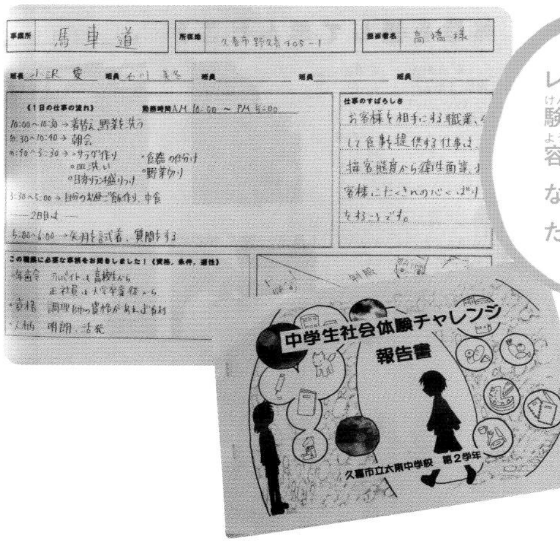

レストランでの職場体《しょくばたい》験《けん》の報告書《ほうこくしょ》。仕事内《しごとない》容《よう》のほか、仕事に必要な資格《しかく》、仕事をしてみた感想をまとめている。

― 今できること ―

ふだんの暮《く》らし

シューズの種類はさまざまです。用《よう》途《と》や年齢《ねんれい》に合わせてはくものが変わります。まずは、自分がもっている靴《くつ》のはき心地やデザイン、機能《きのう》などがどんなものか意識《いしき》して観察してみましょう。

また、新しい企画《きかく》を考えるには、最新の流行を取り入れるための情報収集力《じょうほうしゅうしゅうりょく》や、発想力などが必要です。SNS《エスエヌエス》などたくさんの情報《じょうほう》からよいものを選び取る力をつけましょう。ほかには、文化祭などの実行委員などで行事を企画《きかく》する経験《けいけん》も役に立ちます。

国語
自分の考えた企画《きかく》を、各部署《かくぶしょ》に説明する能力《のうりょく》が必要です。読解力《どっかいりょく》や表現力《ひょうげんりょく》を身につけましょう。

数学
売れる商品を考えるために、市場調査《しじょうちょうさ》などのデータを分析《ぶんせき》をすることがあります。データを集計し、結果を分かりやすくまとめる方法を考えましょう。

美術
シューズの商品企画《しょうひんきかく》では、デザイナーにデザインのイメージ伝えることがあります。美術作品《びじゅつさくひん》のよさや美しさを感じ、さまざまな作品の表現方法《ひょうげんほうほう》を学びましょう。

英語
海外の企業《きぎょう》とのやりとりや、ファッションに関する情《じょう》報《ほう》などを海外から集めることもあります。英語で話したり、読めるように基礎《きそ》を身につけましょう。

File No.206

オンライン
ヨガインストラクター

Online Yoga Instructor

SOELU《ソエル》

橋元康子《はしもとやすこ》さん

入社4年目 30歳《さい》

時間も場所も好きなところでできるヨガをたくさんの人に教えます

自宅《じたく》にいながら、インターネットを利用し、本格的《ほんかくてき》なレッスンが受けられるオンラインヨガは、運動不足を解消《かいしょう》したい人や、健康を気にする人に人気です。生徒にヨガを指導《しどう》する、SOELU《ソエル》の人気インストラクター、橋元康子《はしもとやすこ》さんにお話をうかがいました。

Q オンラインヨガインストラクターとはどんな仕事ですか？

ヨガは、全身を使ってポーズをとりながら、呼吸《こきゅう》を整え、瞑想《めいそう》（目を閉《と》じて無心になること）をする健康法です。筋肉《きんにく》をほぐすだけでなく、心と体の不調にいち早く気づき、改善《かいぜん》することを目的としています。ヨガインストラクターは、ヨガスタジオやフィットネススタジオ、スポーツジムなどで、ヨガの正しいポーズのとり方や呼吸《こきゅう》の整え方を生徒に指導《しどう》しながら、体の仕組みやヨガに関する専門《せんもん》の知識《ちしき》とその効《こう》果《か》を教えます。

私が働くSOELU《ソエル》は、インターネットを使ったオンラインのフィットネススタジオで、生徒も、教えるインストラクターも自宅《じたく》でレッスンができます。決まった時間にインストラクターがオンラインで生徒に直接《ちょくせつ》ヨガを教える「ライブレッスン」と、何度でもくりかえし観ることができる「ビデオレッスン」があります。ライブレッスンの場合は、画面ごしに約15人の生徒を同時に見ながらヨガを教えています。ビデオレッスンでは基本《きほん》の呼吸法《こきゅうほう》を教える５分のものから、難《なん》易度《いど》の高いヨガのポーズなどを教える60分のものまであります。オンラインヨガは生徒の都合のよいときに受講《じゅこう》してもらうので、健康のために体を動かしたいけれど、仕事がいそがしくなかなかスタジオに通う時間がとれない方や、子育て中で家を空けるのが難《むずか》しい方などに人気です。

生徒に教える以外にも、ヨガインストラクターを育てる講座《こうざ》の教科書をつくったり、講座《こうざ》の卒業生がプロとして働けるようになるまでの指導《しどう》をしたりするのも、私の仕事です。

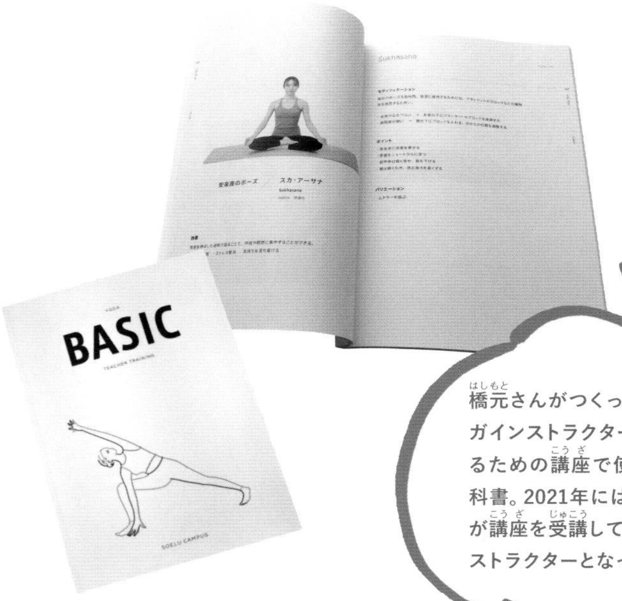

橋元《はしもと》さんがつくった、ヨガインストラクターになるための講座《こうざ》で使う教科書。2021年には24人が講座《こうざ》を受講《じゅこう》して、インストラクターとなった。

Q どんなところがやりがいなのですか？

ふだんは出会えないたくさんの人たちの健康をサポートできるところです。日本全国、さらには海外に住む人とも同じ時間を共有できるのが、オンラインの魅力《みりょく》だと思います。

また、SOELU《ソエル》ではインストラクター自身が新しいレッスン内容《ないよう》を考えています。よく眠《ねむ》れるようになる「おやすみヨガニードラ」や月経中《げっけいちゅう》のストレスを和らげる「女性《じょせい》の日の為《ため》のヨガ」というレッスンは、私がつくりました。

生徒のさまざまな悩《なや》みに応《こた》え、生活の一部になるようなレッスンを考えることができることに、とてもやりがいを感じます。

１回15～30分のライブレッスンは、平《へい》均《きん》して1日3～4レッスンを受け持つ。ビデオレッスンは10種類以上考案した。

橋元《はしもと》さんのある１日

07：00 仕事開始。レッスンの準備《じゅんび》
▼
08：00 ３クラス続けてライブレッスン
▼
12：00 ランチ
▼
13：00 この後のミーティングの準備《じゅんび》
▼
15：00 インストラクターどうしのコミュニティづくりに向けた社内ミーティング
▼
16：00 ほかのインストラクターのレッスンを受けて感想や改善点《かいぜんてん》などをシートにまとめる
▼
17：00 仕事終了《しごとしゅうりょう》

Q 仕事をする上で、大事にしていることは何ですか？

生徒が無理せず楽しめるように、丁寧《ていねい》なレッスンをすることです。画面ごしに説明しなければならないので、わかりにくい動きは体の向きを変えていろいろな角度からポーズを見せたり、「空から１本の糸でつられているように背筋《せすじ》をのばしてください」などイメージしやすい例えを使ったりと、表現《ひょうげん》を工夫しています。

また、生徒の体が緊張《きんちょう》していたり、無理をしているなと感じたときは、「肩《かた》の力をぬいてみましょうか」などと声をかけます。生徒が体を痛《いた》めないようにすることはもちろん、心地よさを感じてもらえるように気を配ることも大切な仕事です。

ライブレッスンでは生徒ひとりひとりのポーズをパソコンの画面で確認《かくにん》。無理な体勢《たいせい》になっている人には手の位置など細かくアドバイスする。

Q なぜこの仕事を目指したのですか？

気分転換《きぶんてんかん》できる趣味《しゅみ》がほしくて、ヨガを始めたのがきっかけです。それまでもダンスやピアノ、歌などいろいろなものに興味《きょうみ》をもち、挑戦《ちょうせん》したのですが長続きしませんでした。でもヨガはほかの趣味《しゅみ》とはまったくちがうと感じたんです。たまっていたストレスが一気に手放せたような解放感《かいほうかん》は、今も忘《わす》れられません。そして、インストラクターの明るい笑顔を見て、「私もこうなりたい」と思ったんです。

はじめは趣味《しゅみ》のひとつでしたが、もっとヨガがうまくなりたいと思うようになって、ヨガインストラクター養成講座《ようせいこうざ》に通い、フリーのインストラクターになりました。フリーのインストラクターは、複数《ふくすう》のスタジオでレッスンを行う働き方で、１日に数か所のスタジオを電車で移動《いどう》していたのでレッスン以外の部分で疲《つか》れていました。そんなとき、自宅《じたく》からレッスンができるSOELU《ソエル》と出合い、ここで働きたいと思いました。

Q 今までにどんな仕事をしましたか？

初めは洋服店の店員をしながら、俳優《はいゆう》として舞台《ぶたい》を中心に活動していました。俳優《はいゆう》を目指したのは、幼稚園《ようちえん》の学芸会で『オズの魔法使《まほうつか》い』のドロシー役を演《えん》じて、人に拍手《はくしゅ》をもらう喜《よろこ》びを知ったからです。しかし、俳優《はいゆう》の仕事を増《ふ》やすためにはオーディションを受け続けなければならず、他人と比《くら》べられるたびに自信を失うようになってしまいました。

じつはヨガを始めたのは、「オーディションでアピールできる特技《とくぎ》があればいいな」という気持ちもあったからです。でも、ヨガに出合ったことで今まで無理をしていた自分に気づくことができ、本当によかったと思っています。

• ヨガマット •

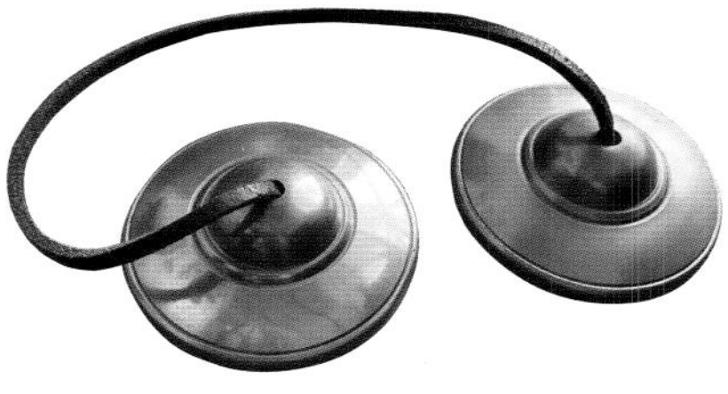

• ティンシャ •

• ノートパソコン •

PICKUP ITEM

ヨガのレッスンで使うヨガマットとティンシャとパソコン。ヨガマットは、ヨガをするときに床《ゆか》にしき、手足がすべるのを防《ふせ》ぐ。ティンシャは心地よい音が鳴る道具。瞑想《めいそう》の時間や、ヨガレッスンの終わりに鳴らす。ライブレッスンを行うときはノートパソコンで発信している。

Q 仕事をする上で、難《むずか》しいと感じる部分はどこですか？

生徒へのアドバイスが、ひとつとして同じ答えになるものがないところです。例えば、「ポーズをとるのが難《むずか》しい」という相談を受けたとき、同じ質問《しつもん》でも、人によって筋肉《きんにく》のつき方や体のやわらかさ、関節の動く範囲《はんい》などがちがいます。そのためアドバイスの仕方に迷《まよ》うことがあります。それでもオンライン中に受けた質問《しつもん》であれば聞いている人は複《ふく》数《すう》いるので、質問《しつもん》した人にはもちろん、それを聞いている人にも役立つように、自分の体験や、今まで見てきた生徒の例などをおりまぜて、解決方法《かいけつほうほう》をお伝えしています。うまくいかない原因《げんいん》をひとつに決めつけず、さまざまな可能性《かのうせい》があることをふまえた上で、つねにいくつかの提案《ていあん》ができるようにしています。

Q ふだんの生活で気をつけていることはありますか？

インストラクター自身が健康でなければ、生徒の健康を考えることができないと思います。だから、毎日朝と夜に欠かさず、ストレッチで自分の体をケアするようにしています。いそがしいときは５分ほどですが、短い時間でもよいので、自分の今の体の調子を見ることを大事にしています。

ヨガを長くやっていると、ふつうはあまり気がつかないような、少しの体の不調でも「今日は少し疲《つか》れているな」と気づくようになります。そんなときは30分以上時間をかけて、体をほぐし、早めのケアを心がけています。

Q これからどんな仕事をしていきたいですか？

インストラクターどうしの横のつながりを深め、交流が気軽にできるような場所をつくりたいと考えています。

現在《げんざい》SOELU《ソエル》には300人以上のインストラクターがいますが、迷《まよ》ったときや悩《なや》んだときにひとりでかかえこんでいる人が多いようです。自宅《じたく》で働けることは時間や体力にゆとりができる反面、孤独《こどく》を感じることも多いので、それを解《かい》消《しょう》できるような場所をつくりたいと思っています。

今までは自分のレッスンをよりよくする方法を中心に考えていましたが、最近は仲間のインストラクターが、どうしたら働きやすくなるかも考えるようになりました。社員全体でもっと協力すれば、多くの生徒によりよいレッスンを提供《ていきょう》できると思うからです。

また、実際《じっさい》に生徒と接《せっ》しているのはインストラクターなので、インストラクターどうしで意見を出し合えたら、もっといいレッスン企画《きかく》が増《ふ》えるのではないかと期待しています。

打ち合わせもオンラインがメイン。この日は新しいレッスンの企画《きかく》を仲間のインストラクターに相談。

ヨガインストラクターになるには……

ヨガインストラクターに、国家資格《こっかしかく》などはありませんが、生徒に正しいポーズや呼吸方法《こきゅうほうほう》を指導《しどう》するために、人体の仕組みを理解《りかい》しておくことは必要です。大学や専門学校《せんもんがっこう》で体育学や健康科学、スポーツ学といった運動や健康に関する専門知識《せんもんちしき》を学んでおくとよいでしょう。また、ヨガインストラクターの養成学校や講座《こうざ》に通って、民間の資格《しかく》を取得《しゅとく》しておくと仕事を始める際《さい》に有利です。

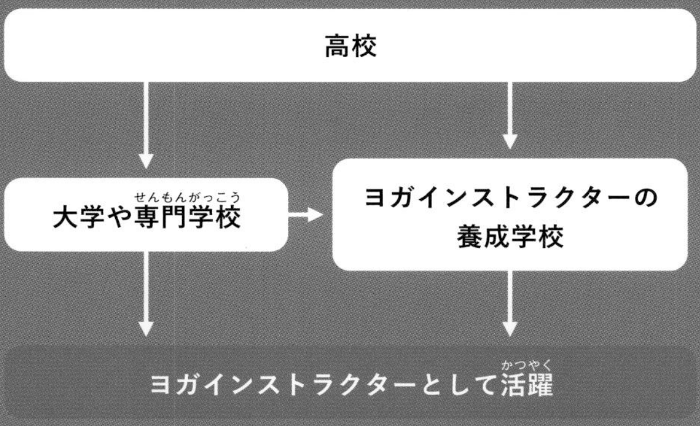

この仕事をするにはどんな力が必要ですか？

つねに人前で話す仕事なので、失敗をおそれない心が必要です。レッスンをしていると、「今日はうまく説明できなかった」「生徒の反応《はんのう》がよくなかった」と反省することがありますが、びくびくしながら生徒と接《せっ》していると、画面ごしに伝わってしまいます。だから「失敗してもまた次がんばればいい」と切りかえて、堂々《どうどう》とレッスンするようにしています。

また、声色や口調など話し方がどういう感じなら相手が安心するか、内容《ないよう》がしっかり伝わるかをつねに研究する姿《し》勢《せい》も大切だと思います。

橋元《はしもと》さんの夢《ゆめ》ルート

小学校 ▶ 俳優《はいゆう》

幼稚園《ようちえん》の劇《げき》で主役を演《えん》じたことがきっかけで、俳優《はいゆう》にあこがれるようになった。

▼

中学校 ▶ 俳優《はいゆう》

俳優《はいゆう》になりたいという思いをもち続け、演劇《えんげき》やダンスなど舞台系《ぶたいけい》の授業《じゅぎょう》がある高校への進学を目指す。

▼

高校 ▶ 俳優《はいゆう》

俳優《はいゆう》へのあこがれはありつつ、演劇《えんげき》などの授業《じゅぎょう》を通じて舞台衣裳《ぶたいいしょう》にも興味《きょうみ》がわいた。

▼

大学 ▶ 俳優《はいゆう》かアパレルショップのバイヤー

舞台衣裳《ぶたいいしょう》への興味《きょうみ》からファッション系《けい》の大学に進学し、俳優《はいゆう》も目指しつつも、洋服に関する仕事に就《つ》きたいと思うようになった。

中学生のとき、どんな子どもでしたか？

俳優《はいゆう》を目指していたので、1年間ほど土日に演技《えんぎ》の勉強をするための演劇《えんげき》スクールに通っていました。ただ、演劇《えんげき》スクールに通っていることは、はずかしくて友だちには内《ない》緒《しょ》にしていましたね。それでも俳優《はいゆう》へのあこがれは続いて、高校も演劇《えんげき》などが学べる高校へ進学しました。

今でこそインストラクターをしていますが、体育は速く走ること以外、苦手でした。だから部活はバドミントン部に所属《しょぞく》していましたが、競技《きょうぎ》よりも先輩《せんぱい》や友だちと話すことが好きで続けていました。でも、弱いながらもダブルスを組んで試合に出場したことは、今となってはよい思い出です。

学校の教科では、国語と美術《びじゅつ》が好きでした。とくに国語は、演技《えんぎ》の勉強をしていたこともあり、物語を読んでイメージをふくらませたり、主人公の感情《かんじょう》を想像《そうぞう》したりするのは得《とく》意《い》だったと思います。ヨガのレッスンは言葉をたくさん使うので、国語の能力《のうりょく》は役に立っていますね。話すときの強弱のつけ方などは、国語の朗読《ろうどく》でつちかわれたと思います。ただ、授業《じゅぎょう》はあまり積極的に参加する方ではなかったかもしれません。ノートをとるときにペンで色分けして、きれいにまとめることが好きでしたね。テスト勉強のときも、とにかくノートにコツコツ書いて覚えるタイプでした。

中学3年生の修学旅行《しゅうがくりょこう》は京都へ行った。仲のよい友だちと、同じグループになり、新幹線《しんかんせん》の中でとても盛《も》り上《あ》がった。「学校の行事で修学旅行《しゅうがくりょこう》がいちばん楽しい思い出です」

Q 中学のときの職場体験《しょくばたいけん》は、どこに行きましたか？

中学校の近くにあるコンビニエンスストアに行きました。先生が出した候補《こうほ》のなかから選んだ記憶《きおく》があります。

３日間程度《ていど》でしたが、レジ打ちや検品《けんぴん》、品出しなどの基本的《きほんてき》な業務《ぎょうむ》を体験しました。

Q 職場体験《しょくばたいけん》ではどんな印象《いんしょう》をもちましたか？

初めての接客《せっきゃく》は、とても緊張《きんちょう》する経験《けいけん》でした。コンビニエンスストアの店員さんから「もっと笑顔で、大きな声で接客《せっきゃく》して」と言われ、余計《よけい》に表情《ひょうじょう》がかたくなってしまったことが印象《いんしょう》に残っています。

また、レジを打つときには、お客さんの年齢《ねんれい》を見た目で判断《はんだん》して画面に入力する作業もありました。会計の対応《たいおう》をしながら、相手の年齢《ねんれい》を判断《はんだん》をすることが、中学生の私にはとても難《むずか》しく感じました。

ふだん買い物をしているときにはわかりませんでしたが、店員さんが難《むずか》しい仕事を当たり前のように行っているのを見て、「毎日時間をかけて積み重ねて習得《しゅうとく》した技術《ぎじゅつ》なんだ」と感じました。どんな仕事も、慣《な》れるまでには時間も努力も必要だということを学びましたね。

Q この仕事を目指すなら、今、何をすればいいですか？

まわりの人を大切にしましょう。相手の気持ちを想像《そうぞう》し、何を求められているのかを瞬時《しゅんじ》に理解《りかい》できると、どの仕事でも信頼《しんらい》される人間になれます。そのためには、友だちや家族に興味《きょうみ》をもち、よく話をすることが大切だと思います。

ヨガインストラクターはさまざまな生徒と関わりますが、悩《なや》みや性格《せいかく》は人それぞれです。生徒への接《せっ》し方《かた》に困《こま》ったとき、過去《かこ》の人間関係がヒントになります。私も人から受けたアドバイスが頭に残っていて、何かのときに思い出し、それが解決《かいけつ》のヒントになったことがあります。だから、勉強はもちろん大事ですが、人とのつながりを大切にしてください。

‒ 今できること ‒

ふだんの暮《く》らし

ヨガをはじめとするフィットネスインストラクターは、手本を見せたり、レッスンを受ける人の目的に合わせてメニューを考えたりすることが仕事です。体育や部活動で、技術《ぎじゅつ》を習得《しゅうとく》して、仲間をフォローすることなどに取り組んでみましょう。

また、ヨガは気持ちを落ちつかせて、体をリラックスさせて行う健康法です。疲《つか》れをとる方法や睡眠《すいみん》の大切さなどを調べたり、ヨガの動画を観て実際《じっさい》にヨガをやってみたりしましょう。

国語　人と接《せっ》する仕事では、コミュニケーション能力《のうりょく》が大切です。国語の授業《じゅぎょう》で、気持ちを感じとる力や、自分の考えをうまく伝える力をつけておきましょう。

体育　体育では、いろいろなスポーツに積極的に取り組みましょう。その中で友だちをサポートしていっしょに課題に取り組む姿勢《しせい》などがこの仕事に役立ちます。

家庭科　健康な体づくりをするためには、栄養の知識《ちしき》が欠かせません。家庭科で、食事の役割《やくわり》や栄養素《えいようそ》、健康によい食生活・食習慣《しょくしゅうかん》について学んでおきましょう。

技術　オンラインレッスンではパソコンを使うので、基本的《きほんてき》な操作《そうさ》や機器の扱《あつか》い方《かた》を身につけましょう。

File No.207

体組成計開発

Body Composition Monitor Products Development

タニタ
神保有紀《じんぼゆき》さん
入社4年目 27歳《さい》

毎日の健康を管理する体組成計で体づくりのお手伝いをします

健康管理をするには、自分の体の状態《じょうたい》を知ることが欠かせません。それには、体重、筋肉量《きんにくりょう》、内臓脂《ないぞうし》肪《ぼう》レベルなど、さまざまな体の状態《じょうたい》がはかれる体組成計が便利です。タニタで体組成計を開発している、神保有紀《じんぼゆき》さんにお話をうかがいました。

Q 体組成計の開発とはどんな仕事ですか？

私が働くタニタでは、さまざまな「健康をはかる」機器の開発と製造《せいぞう》を行っています。そのなかでも大きなウェイトをしめるのが体重計と体組成計です。体組成計は、体重だけでなく、体脂肪率《たいしぼうりつ》、筋肉量《きんにくりょう》、内臓脂肪《ないぞうしぼう》レベル、基礎代謝量《きそたいしゃりょう》なども測《はか》ることができます。

私は開発部で、研究、調査《ちょうさ》、プログラム設計《せっけい》を担当《たんとう》し、体《たい》脂肪率《しぼうりつ》や内臓脂肪《ないぞうしぼう》レベルなどさまざまな体の状態《じょうたい》を数値《すうち》化《か》するための計算式を考えています。本来、体内の脂肪《しぼう》の量や、筋肉量《きんにくりょう》などを正確《せいかく》に測《はか》るには、大がかりな装置《そうち》が必要です。体組成計では、手軽に推定《すいてい》できる方法を採用《さいよう》していますが、より正確《せいかく》な数値《すうち》に近づけるような計算式を編《あ》み出《だ》そうとしているんです。

計算式を考えるために、多くの研究者が発表した論文《ろんぶん》を読んだり、医師《いし》や管理栄養士《かんりえいようし》など人体について専門《せんもん》の知識《ちしき》をもつ人と共同で研究したりしています。ほかにも体の状《じょう》態《たい》を知るための新たな指標（体の状態《じょうたい》を示《しめ》す数値《すうち》）の考案や計測《けいそく》の精度《せいど》の向上のために、研究を続けています。

またシステムを考えるだけではなく、そのシステムを体組成計に組みこむためのプログラムの設計《せっけい》もしています。ボタンを押《お》したら、どのように数値《すうち》を表示《ひょうじ》させるか、体組成計のどの部分を光らせるかなど、工夫して設計《せっけい》しています。

それ以外に、開発部では、世の中の人々が何を求めているかの調査《ちょうさ》をしています。問い合わせが多い質問《しつもん》を参考にしたり、医師《いし》から話を聞いたりして、どんな指標が求められているかを探《さぐ》り、新しい商品の開発に活かしています。

タニタではこれまでも、体脂肪率《たいしぼうりつ》や、内臓脂肪《ないぞうしぼう》レベルといった健康をはかるためのさまざまな指標を、体組成計に組みこむことに成功してきました。私も新しい指標を見つけ、商品化できるように努力しています。

医師《いし》との打ち合わせに向かう神保《じんぼ》さん。「体組成計で何がわかるとよいか、医師《いし》や管理栄養《かんりえいよう》士《し》に話を聞きに行っています」

Q どんなところがやりがいなのですか？

体脂肪率《たいしぼうりつ》などの計測精度《けいそくせいど》を上げるための開発の場合、生体（生きているものの体）に関する論文《ろんぶん》をもとに、自分なりに新たな予測《よそく》を立てて、実験をしてみます。予測通《よそくどお》りにならないことの方が多いですが、予測《よそく》が合っていたときは、とてもやりがいを感じます。この実験結果をふまえて、商品開発に役立てることができるからです。

また、自分で考えた商品や指標の開発をしているときにもやりがいを感じます。タニタは若手《わかて》でもいろいろなことにチャレンジさせてくれる職場《しょくば》です。私も入社１年目から、自分で考えた商品の開発に取り組みはじめました。今もまだ開発途中《かいはつとちゅう》ですが、自分で考えて進めていけることに充実《じゅうじつ》感《かん》を感じますね。上司もすごく応援《おうえん》してくれていて、開発を進められるように、関係する論文《ろんぶん》を教えてくれたり、相談に乗ってくれたりします。みんなで企画《きかく》を考えて新しいことにチャレンジしようとしている、社内の雰囲気《ふんいき》に心から感謝《かんしゃ》しています。「みんながかんばっているから自分もがんばろう」と思えるんです。

神保《じんぼ》さんのある１日

08：30 出社。メールをチェックし、ラジオ体操《たいそう》とタニタ体操《たいそう》を行う
▼
09：00 新商品の企画書《きかくしょ》を書くための市場調査《しじょうちょうさ》や特許調査《とっきょちょうさ》、資料作成《しりょうさくせい》
▼
11：00 社内打ち合わせでプログラム開発や実験結果の評価《ひょうか》を行う
▼
12：00 ランチ
▼
13：00 実験（試作品を試したり、計算式が正しいかなどを確《たし》かめる）
▼
15：00 実験結果の解析《かいせき》やプログラミングなどを行う
▼
17：30 退社《たいしゃ》

Q 仕事をする上で、大事にしていることは何ですか？

わくわくする気持ちを大事にしています。ひとつの商品が発売されるまでには、3年～5年ほどの長い時間がかかるので、途中《とちゅう》で疲《つか》れたり、モチベーションを保《たも》ち続《つづ》けるのが難《むずか》しく感じてしまったりすることがあります。

そんなときは最初につくった企画書《きかくしょ》を読んで、初心を思い出すようにしています。また、気持ちを切《き》り替《か》えるために今の仕事と直接《ちょくせつ》関係ないことを調べることもあります。すると、だんだん楽しくなってきて、新しい発見につながることがあるんです。新しいアイデアを出し続けるために、いつでも前向きな気持ちでいるようにしています。

Q なぜこの仕事を目指したのですか？

高校生のとき、まわりにはダイエットで無理な食事制限《しょくじせいげん》をする人がたくさんいました。この方法だと、食事ができなくなる「拒食症《きょしょくしょう》」などの摂食障害《せっしょくしょうがい》※1になる可能性《かのうせい》もありました。そんなときに、テレビで「タニタ食堂《しょくどう》」が紹介《しょうかい》されている番組を観たのです。ヘルシーでおいしいと評判《ひょうばん》だったタニタの社員食堂《しゃいんしょくどう》のレシピを再現《さいげん》していて、「500kcal《キロカロリー》前後の定食なのに、こんなに食べられるんだ」と衝撃《しょうげき》を受けました。その後、家にあった体組成計がタニタ社製《せい》だったことに気づき、タニタが急に身近な存在《そんざい》になりました。

私もダイエットをして毎日体組成計にのっていたので、「もっと簡単《かんたん》に量れて、デザインがかわいい体組成計があればいいのに」と思い、タニタのことを調べてみました。そして、「健康を自分たちでつくっていきたい」という社長のメッセージに共感し、この会社に入りたいと思うようになったのです。タニタに入るために大学時代は工学部で生体工学※2を学び、さらに勉強するため大学院にも進みました。

高校2年生で志望《しぼう》学部《がくぶ》を教育学部から工学部に変更《へんこう》。念願叶《かな》って、タニタに入社した。

Q 今までにどんな仕事をしましたか？

入社したばかりのころは、先輩《せんぱい》といっしょにプログラムの開発に取り組んでいました。社員約100人に協力してもらい、設計《せっけい》した計算式を組みこんだ、脈拍数《みゃくはくすう》を測《はか》る機器の精度《せいど》を確《たし》かめる実験を行ったこともありました。

今は少人数ですが、私が中心になって進めているプロジェクトがあり、実験や調査《ちょうさ》を行っています。新商品が企画《きかく》からかたちになるまでには時間がかかるので、私がアイデアから関わった商品で現在《げんざい》発売されているものはまだありません。今手がけているものが完成して、世の中に出るのがとても楽しみです。

タブレット

付箋《ふせん》

社員証兼《しゃいんしょうけん》活動量計

PICKUP ITEM

どこでも論文《ろんぶん》が読めるようにタブレットを持ち歩いている。付箋《ふせん》は仕事を整理したり、思いついたアイデアなどを何でも書き出したりするために利用。タニタの社員証《しゃいんしょう》は、活動量計にもなっている。神保《じんぼ》さんも毎日身につけて、歩数や消費《しょうひ》カロリーをチェックし、健康に気をつけている。

用語 ※1 摂食障害《せっしょくしょうがい》 ⇒ 食事の量や回数などが極端《きょくたん》に増《ふ》えたり減《へ》ったりして、体や心に影響《えいきょう》が出る病気《びょうき》。食事ができなくなる拒食症《きょしょくしょう》もそのひとつ。

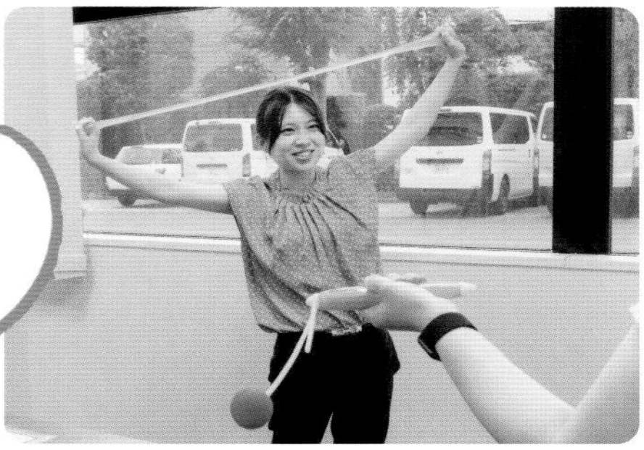

始業前には自社の製品《せいひん》を使って体を動かす「タニタ体《たい》操《そう》」を行う。

Q 仕事をする上で、難《むずか》しいと感じる部分はどこですか？

世の中の人が何を求めているのか、そして商品の計測精《けいそくせい》度《ど》を上げるためにはどうすればよいのかをいちから考えるのは難《むずか》しく、正解《せいかい》がわからないことが多いです。

そんなときは、先輩《せんぱい》たちの技術《ぎじゅつ》や論文《ろんぶん》を調査《ちょうさ》したり、今までに売れた商品の特徴《とくちょう》を分析《ぶんせき》したりして、アイデアの糸口を見つけます。また、家電量販店《かでんりょうはんてん》に行ったときはタニタの商品の近くにどんな商品が置いてあるかやどんな商品が目玉として売られているかなどを観察するようにしています。

論文《ろんぶん》はデジタルで読むことが多い。タブレットには生体に関係する論文《ろんぶん》が1000以上保存《ほぞん》されている。

Q ふだんの生活で気をつけていることはありますか？

世の中の人の健康づくりを支《ささ》えるためには、自分自身が健康でいなければなりません。タニタではまず、出社するとラジオ体操第一《たいそうだいいち》を行い、その後、社員全員でソフトエキスパンダーという道具を使って、背中《せなか》や腰《こし》を動かす「タニタ体操《たいそう》」を行います。同じ姿勢《しせい》で仕事をしていると固くなりやすい筋肉《きんにく》をのばし、ほぐしてくれます。

最近、家でも筋《きん》トレやダンスを始めました。体を動かすのがそれほど好きではなかったので、私にとっては新しい挑戦《ちょうせん》です。さまざまなことに挑戦《ちょうせん》し、新しいものにふれると、企画《きかく》のもとになるアイデアを生み出すことができます。

Q これからどんな仕事をしていきたいですか？

健康を意識《いしき》している中高年の方に向けてはもちろん、若《わか》い世代に対しても、健康づくりのための商品を生み出したいと考えています。例えば、食事をぬいたり、極端《きょくたん》な食事制《しょくじせい》限《げん》を行ったりするなど、まちがった方法でダイエットをしている人がたくさんいます。栄養がかたよると体によくないし、せっかく体重が減《へ》ってもリバウンドしてしまうことも多いのです。また、女性《じょせい》の場合は女性《じょせい》ホルモンのバランスがくずれ、体に悪影響《あくえいきょう》をもたらすこともあります。

これまでの自分の実体験や勉強してきたことを活かして、若《わか》い人に向けて、意識《いしき》や行動を変えるような商品を企画《きかく》して開発できたらうれしいですね。

計測機器《けいそくきき》の開発者になるには……

体の状態《じょうたい》を知るための計測機器《けいそくきき》を開発するには、体の構造《こうぞう》や機能《きのう》などが学べる生物学や医学の知識《ちしき》のほか、情報《じょうほう》システムやプログラムが学べる工学の知識《ちしき》も必要です。生体工学や、医用生体工学などが学べる工学部がある大学に進学して、生体に応用《おうよう》できる新しい技術《ぎじゅつ》を積極的に学びましょう。健康に関する情報《じょうほう》は、日々更新《こうしん》されています。つねに学び続ける姿勢《しせい》が大切です。

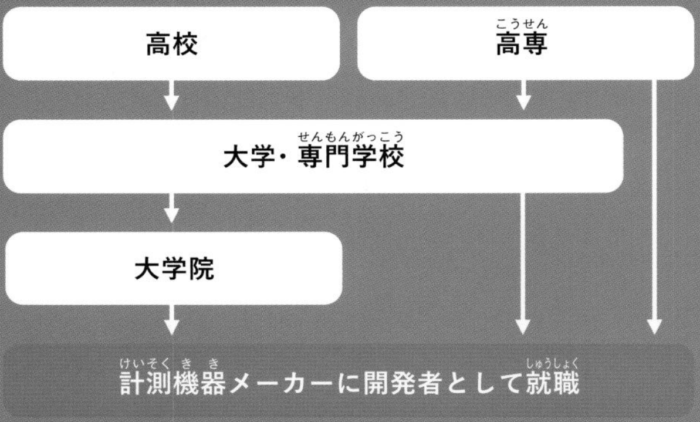

用語 ※2 生体工学 ⇒ 工学の理論《りろん》や技術《ぎじゅつ》を応用《おうよう》して、体のしくみや機能《きのう》を解《と》き明《あ》かし、新しい技術《ぎじゅつ》を開発する学問。

Q この仕事をするには どんな力が必要ですか？

一度決めたことは最後までやり通せる強い心をもった人は、この仕事に向いていると思います。商品の開発には時間がかかり、結果はすぐに出ません。私も、高校生のときにタニタで働きたいと思ってから、この仕事に必要な知識《ちしき》や技術《ぎじゅつ》を学べる大学を探《さが》して、一生懸命《いっしょうけんめい》勉強しました。目標をもち続けて努力した経験《けいけん》は、今に活きていると思います。

神保《じんぼ》さんの夢《ゆめ》ルート

小学校 ▶ 絵本作家・薬剤師《やくざいし》

絵を描《か》くこと、文章を書くことが好きだった。
人のために働く仕事がしたいという思いもあり、
薬剤師《やくざいし》にも興味《きょうみ》があった。

▼

中学校 ▶ 中学校の教師《きょうし》

両親が小学校の教師《きょうし》だったので
自然とあこがれるようになった。
とくに受験という人生の選択《せんたく》で子どもを支《ささ》える
中学校の教師《きょうし》になりたかった。

▼

高校 ▶ 中学校の教師《きょうし》→タニタの社員

中学校の教師《きょうし》の夢《ゆめ》があり、
教育学部を目指していたが、
タニタの存在《そんざい》を知り、
ダイエットで同じ悩《なや》みをもっている人を
助けたいと思うようになった。

▼

大学・大学院 ▶ タニタの社員

工学部に進学し、生体工学を学んでいたため、
新しい医療機器《いりょうきき》や、生体に関わる
商品をタニタでつくりたいと考えていた。
より知識《ちしき》をつけるために大学院に進学した。

Q 中学生のとき、 どんな子どもでしたか？

小学校のときはおとなしく、昼休みは図書室でずっと本を読んでいるような子どもでした。中学校でバレーボール部に入部してから活発になり、興味《きょうみ》のあることには何でも挑戦《ちょうせん》するようになりました。

もっとも印象的《いんしょうてき》なできごとは、バレー部の友だちのすすめで、生徒会の副会長に立候補《りっこうほ》したことです。それまではどちらかというと人前で話すのは苦手でしたが、思い切って挑戦《ちょうせん》してみたら、人前に立つことや人のために動くことの楽しさに気づくことができました。その友だちは明るくて、クラスの中心にいるような子でした。小学生時代の私だったらおそらく仲良くなっていなかったと思います。そんな彼女《かのじょ》と出会えたことで、「応援《おうえん》してくれる人がひとりでもいるなら挑戦《ちょうせん》してみよう」と思えたのです。

挑戦《ちょうせん》することの楽しさを知った私はその後、先生にさそわれて陸上部と合唱部にも入部しました。陸上部には人数が足りないときに顔を出し、合唱部はコンクールに向けて3か月の期間限定《きかんげんてい》で発足されていました。兼部《けんぶ》とはいえ、どの部も一生懸命《いっしょうけんめい》取り組み、とてもよい思い出になっています。

陸上部で駅伝大会に出場。アンカーを走った。中学時代、やりたいと思ったことはとにかくやったのでよい思い出が増《ふ》えた。

中学生のときに夢《む》中《ちゅう》になった「ハリーポッターシリーズ」のDVD《ディーブイディー》。今も好きで、ときどき観返す。

Q 中学のときの職場体験《しょくばたいけん》は、どこに行きましたか？

両親が小学校の教師《きょうし》だったので、中学２年生のときに市内の小学校へ行きました。今までの先輩《せんぱい》たちは３日間でしたが、私たちの学年は5日間行かせてもらうことができました。

私は小学校低学年の授業《じゅぎょう》のお手伝いをしました。図工の授業中《じゅぎょうちゅう》、落ち葉を使った作品をつくる児童を見守り、連絡《れんらく》帳《ちょう》を確認《かくにん》する仕事をしたことを覚えています。

Q 職場体験《しょくばたいけん》ではどんな印象《いんしょう》をもちましたか？

授業中《じゅぎょうちゅう》、児童からの質問《しつもん》に答えていたとき、言葉の難《むずか》しさに気づきました。短い時間で理解《りかい》するのが苦手な子には、私の説明では、全然伝わらないどころか、やる気をうばってしまうことがあったのです。そのときは何もできませんでしたが、あのときどうすればあの子のやる気を引き出せたのだろう、と考えるきっかけになりました。

また、小学生と中学生では、これほど世界がちがうのだということもおどろきでした。ついこの間まで自分も小学生だったのに、進学して世界も広がったのだと感じました。この職場体験《しょくばたいけん》がとても充実《じゅうじつ》していたので、一時期は教師《きょうし》を目指していました。

Q この仕事を目指すなら、今、何をすればいいですか？

気になったことは調べる習慣《しゅうかん》をつけましょう。今は、インターネットを使えば何でも調べることができますが、不要な情報《じょうほう》や誤《あやま》った情報《じょうほう》もたくさんあります。その中から、正《せい》解《かい》を見つけるために必要なのは経験《けいけん》です。検索《けんさく》ワードに何を入力すべきか、インターネットで探《さが》すのではなく人に相談すべきかなど、経験《けいけん》によってわかるようになります。

私も、膨大《ぼうだい》な論文《ろんぶん》のなかから必要な情報《じょうほう》を探《さが》し出《だ》す力をつけるために、今はたくさん論文《ろんぶん》を読んでいます。中学生のうちから「調べる力」をきたえて、さらには得《え》た情報《じょうほう》を分《ぶん》析《せき》し、自分の頭で物事を考えられる人間になってください。

– 今できること –

ふだんの暮《く》らし

世の中には体の状態《じょうたい》を知る計測機器《けいそくきき》がたくさんあります。どんなものがあるか調べてみましょう。体重計、体組成計、体温計、歩数計、時計に脈拍《みゃくはく》を測《はか》る機《き》能《のう》がついているものもあります。それらの機器がどのように計測《けいそく》しているのか、商品のWEB《ウェブ》サイトなどで調べてみましょう。調べる作業は開発者の基本《きほん》でもあるので、深く追究する練習になるでしょう。また、自分の体を知ることも大切です。身近に計測機器《けいそくきき》があれば、継続《けいぞく》して測《はか》り、記録しておきましょう。

数学

商品の開発では、統計《とうけい》データを調べる機会も多いです。数学で学ぶデータ分析《ぶんせき》の基礎《きそ》や、データの傾向《けいこう》を正《せい》確《かく》に読み取るための知識《ちしき》を身につけましょう。

理科

健康に関する商品開発では生物や化学などの分野が関わります。観察や実験などを通じて基礎知識《きそちしき》をしっかり学んでおきましょう。

技術

電子機器の開発にはプログラミングの知識《ちしき》が必要になります。WEB《ウェブ》ページ作成の授業《じゅぎょう》などでプログラミングに挑戦《ちょうせん》してみましょう。

英語

開発者は論文《ろんぶん》を参考に実験をすることがよくあります。海外の論文《ろんぶん》も読めるように英語力を高めましょう。

File No.208

健康食品 マーケティング

Dietary Supplement Marketing

アサヒグループ食品
井《い》戸《ど》皓《こう》大《だい》さん
入社9年目 30歳《さい》

人々が元気に過《す》ごすためにおいしい健康食品をつくります

サプリメントやプロテイン食品などの「健康食品」は、食事だけでは不足しがちな栄養を補《おぎな》い、健康な毎日を支《ささ》えてくれるものです。アサヒグループ食品のマーケティングの部署《ぶしょ》で、健康食品を担当《たんとう》する井《い》戸《ど》皓《こう》大《だい》さんにお話をうかがいました。

Q 健康食品のマーケティングとはどんな仕事ですか？

アサヒグループ食品は、お菓子《かし》や健康食品などの開発・製造《せいぞう》・販売《はんばい》を行う会社です。私は、健康食品の商品開発を担当《たんとう》していて、その魅力《みりょく》を多くの人に伝えて、広める仕事をしています。例えば、新しい健康食品を販売《はんばい》するとき、どうしたら知ってもらえるか、購入《こうにゅう》してくれる人を増《ふ》やすにはどうすればよいのかを調査《ちょうさ》して、計画を立てることが必要です。これが私の会社のマーケティングの仕事です。

私は、食事だけでは十分にとれないビタミンなどを補《おぎな》うサプリメント「ディアナチュラ」と、たんぱく質《しつ》を補《おぎな》うプロテインパウダー「ディアナチュラアクティブ」の商品を担当《たんとう》しています。

具体的には、「こんな生活をしている、こんな年代の人に、こんな商品を届《とど》けたい」とアイデアを出すところから始まります。次に、市場調査《しじょうちょうさ》で得《え》た情報《じょうほう》からお客さまに好まれる味を考え、商品を開発してくれる研究所に、プロテインパウダーなら「おいしくて、水や牛乳《ぎゅうにゅう》により溶《と》けやすいものをつくりたい」、サプリメントなら「１粒《つぶ》にビタミンやミネラルなど40種類の成分を入れたい」などと、アイデアに沿《そ》った具体的な要望を出します。研究所が試行錯誤《しこうさくご》して、成分の配合の割合《わりあい》やサプリメントの粒《つぶ》の大きさ、プロテインの味や飲みやすさなどを考えます。研究所と打ち合わせを重ねて、試作品をつくり上げるのです。試作品は、社外の調査会社《ちょうさがいしゃ》に依頼《いらい》し、一般《いっぱん》のお客さまに試してもらいます。その結果を参考に、細かい調整をして配合を決定し、商品化となります。

開発した食品の商品化が決まったら、多くの人に商品の存在《そんざい》を知ってもらうための広告活動《こうこくかつどう》が始まります。広告代《こうこくだい》理店《りてん》※にお願いして、キャンペーンやイベントを実施《じっし》することが多いですね。より効果的《こうかてき》に宣伝《せんでん》するため、広告代理店《こうこくだいりてん》に「どういう人に向けてどういう意図で開発した商品なのか」という情報《じょうほう》を正確《せいかく》に伝えるのも私の大切な仕事です。

井戸《いど》さんが担当《たんとう》した「ディアナチュラ」の商品。半年に１度のペースで新商品を開発する。

デザイン担当者《たんとうしゃ》と新商品のパッケージデザインの打ち合わせ。健康《けんこう》志向《しこう》の人に向けた商品に合うデザインについて、意見交換《いけんこうかん》する。

Q どんなところがやりがいなのですか？

自分が手がけた商品で、多くの人が健康になると思うとうれしいです。偶然《ぐうぜん》入ったドラッグストアやスーパーマーケットなどの店頭で、担当《たんとう》した商品をお客さまが手にとっている場面に出会うと、ドキドキします。ほかの商品と比較《ひかく》した上で「ディアナチュラ」を購入《こうにゅう》しているのを見ると、開発の苦労が吹《ふ》き飛《と》ぶほどうれしくなりますね。

商品の完成や広告活動《こうこくかつどう》には、多くの人の協力が必要です。一丸となって、商品をつくり上げていく楽しさを味わうことができるのも、やりがいのひとつです。

井戸《いど》さんのある1日

- 09:00 出社。メールチェックや打ち合わせの資料作成《しりょうさくせい》など
- 10:00 商品開発とプロテインの味について社内打ち合わせ
- 11:00 会議資料作成《かいぎしりょうさくせい》
- 12:00 ランチ
- 13:00 オンラインで調査会社《ちょうさがいしゃ》と試作品調査《しさくひんちょうさ》に向けての打ち合わせ
- 14:00 新商品のキャンペーンについての社内会議
- 16:00 翌日《よくじつ》の打ち合わせ資料作成《しりょうさくせい》
- 17:30 退社《たいしゃ》

用語　※広告代理店《こうこくだいりてん》 ⇒ 広告《こうこく》を出したい企業《きぎょう》に代わって広告《こうこく》をつくり、メディアに出すのを請《う》け負《お》う会社。そのほかにも、さまざまなキャンペーンやイベントなどを企画《きかく》する。

Q 仕事をする上で、大事にしていることは何ですか？

相手のことを思いやり、感謝《かんしゃ》することをいちばん大事にしています。どんな仕事も同じかもしれませんが、私の仕事もたくさんの人の協力があって成り立っています。自分のことだけを考えていては周囲《しゅうい》から協力は得《え》られません。社内外関わらず、いっしょに仕事する人を思いやり、協力してもらったときは、感謝《かんしゃ》の気持ちを素直《すなお》に伝えるようにしています。そうすれば信頼関係《しんらいかんけい》も高まり、よりよい商品をつくり上げていくことができると思うのです。

また、お客さまの意見も大事にしています。調査《ちょうさ》で得《え》た情報《じょうほう》は宝物《たからもの》です。例えばプロテインパウダーを、おすすめしている水や牛乳《ぎゅうにゅう》ではなくヨーグルトに加えるとか、ポップコーンをトッピングするなど思いがけない意見があり、新しいアイデアを生むきっかけになることがあるからです。

試作品ができたらすぐに試す。味以外にも溶《と》け具合《ぐあい》、飲み心地などを自分で確認《かくにん》する。

• 文房具《ぶんぼうぐ》 •

• 水とシェイカーボトル •

PICKUP ITEM

ふだん使っているペンは営業時代《えいぎょうじだい》にお世話になった方からいただいたものでお気に入り。計算機は、成分の配合の確認《かくにん》などに欠かせない。プロテインを飲むための水と、混《ま》ぜるときに使うシェイカーボトル。試作品ができる時期は、1日に何度も試飲する。

Q なぜこの仕事を目指したのですか？

子どものころからスポーツが大好きで、とくに大学時代にトライアスロン※という競技《きょうぎ》を本格的《ほんかくてき》に始めてからは、アスリートとして多くの大会に出場してきました。

また、大学では「スポーツ健康科学部」という学部で、スポーツや健康的な体づくりについて学び、食や栄養がいかに大事であるかを知りました。次第に、健康食品をあつかう会社に興味《きょうみ》をもつようになり、健康をサポートする食品づくりに関わり、多くの人に健やかな毎日を過《す》ごしてほしい、と思ったのが、今の会社を志望《しぼう》した理由です。

現在《げんざい》もスポーツジムに通い、トレーニングを続けています。ジムでは、健康な体づくりにはげんでいる、さまざまな人に出会います。プロテイン食品やサプリメントに興味《きょうみ》をもっている人も多く、話をしていて商品の参考になっています。

Q 今までにどんな仕事をしましたか？

入社後半年は、上司といっしょに取引先の会社を訪問《ほうもん》したり、商品を生産している工場で製造《せいぞう》のようすを見学したりする研修《けんしゅう》の期間でした。社内のいろいろな部署《ぶしょ》をまわり、どんな人がどんな仕事をしているのか、組織《そしき》がどのように成り立っているのかも、この期間に学びました。

研修後《けんしゅうご》は3年半、営業《えいぎょう》を担当《たんとう》しました。印象《いんしょう》に残っているのは、あるドラッグストアのサプリメント売り場の担当《たんとう》リーダーになったことです。ドラッグストアの方から、売り場の棚《たな》のどこにどんな商品を並《なら》べるかを決める、「棚割《たなわ》り」をまかされました。他社の商品もふくめて商品を選び、並《なら》べていくのです。自社の商品をたくさん並《なら》べたい気持ちはありますが、それだけでは、お店の売り上げにつながりません。この地域《ちいき》のお客さまはどんな人が多く、どんな商品がどのくらい必要になるかを分析《ぶんせき》して、商品の陳列《ちんれつ》を決めます。高齢《こうれい》のお客さまが多ければサプリメントも高齢者向《こうれいしゃむ》けを意識《いしき》した商品を多く陳列《ちんれつ》します。棚割《たなわ》りは、お客さまの気持ちや商品が売れる仕組みを理解《りかい》する、よい経験《けいけん》になりました。

営業《えいぎょう》に関わるなかで、「自分で手がけた商品を販売《はんばい》し、多くの人に健康になってほしい」という思いが芽生え、今の部署《ぶしょ》を希望して異動《いどう》しました。期間限定商品《きかんげんていしょうひん》やリニューアル商品もふくめ、これまでに約10種類の商品を開発しています。

用語　※トライアスロン ⇒ 水泳、自転車ロードレース、長距離走《ちょうきょりそう》の3種目をひとりの選手が連続して行う競技《きょうぎ》。

Q 仕事をする上で、難《むずか》しいと感じる部分はどこですか？

企画《きかく》から商品化、宣伝《せんでん》という仕事の流れのなかで、スタートからゴールまで、スムーズに進むことは多くはありません。

例えば「できれば入れたい成分だけれど、とても強い苦味がある」「効果《こうか》が実感できるだけの成分量を配合をすると、粒《つぶ》が大きくなりすぎ、飲みこみづらくなってしまう」といった多くの壁《かべ》にぶつかります。本当につくりたい理想の商品と、現実《げんじつ》の差に直面したときに、難《むずか》しさを感じます。

そんなときはひとりでかかえこまず、先輩《せんぱい》や上司に助けを求め、アドバイスをもらうようにしています。だれかに相談することで、気持ちが楽になり、自分では思いつかなかったアイデアや解決策《かいけつさく》が生まれることがあるからです。

Q ふだんの生活で気をつけていることはありますか？

今、世の中ではどんな健康法や食品が求められているのか、時代の空気をつかむことを心がけています。『日本経済新聞《にほんけいざいしんぶん》』を基本《きほん》として『健康産業新聞《けんこうさんぎょうしんぶん》』などの業界紙を読んだり、健康に関する雑誌《ざっし》やWEB《ウェブ》サイトをチェックしたりします。

日ごろから自社商品を愛用し、体の調子を確認《かくにん》することも欠かしません。毎朝、ビタミン、ミネラル、アミノ酸《さん》をバランスよくふくむサプリメントを飲み、休日にはトレーニング後、効果的《こうかてき》に筋肉《きんにく》がつくように、プロテインを飲んでいます。自ら体験することで、効果《こうか》や改善点《かいぜんてん》に気づけるので、次の商品開発に役立つのです。

Q これからどんな仕事をしていきたいですか？

アサヒグループ食品の商品をもっと多くの人に知ってもらい、健康に毎日を送れる人がもっと増《ふ》えるように、宣伝《せんでん》や広告活動《こうこくかつどう》には、より力を入れていきたいと思っています。

また、将来《しょうらい》の目標として、より健康価値《けんこうかち》の高い、新しいサプリメントやプロテイン食品の分野を開拓《かいたく》してみたいですね。「健康価値《けんこうかち》が高い」というのは、足りない栄養をバランスよく補《おぎな》うだけでなく、「毎日飲むのが楽しみになる」「商品を使うことで気分が上がる」など、本来の商品の機能《きのう》に、プラスアルファの価値《かち》をもたせることができる、という意味です。まだ具体的な商品のアイデアはありませんが、世の中の動きやお客さまの意識《いしき》の変化をしっかりととらえ、「こんな商品があったらいいな」という気持ちを大切に、取り組んでいきたいと思います。

「今は健康志向《けんこうしこう》の人が増《ふ》えていると思います。この流れをのがさないよう、健康に関する情報《じょうほう》や世の中の流行はつねに意識《いしき》しています」と井戸《いど》さん。

健康食品メーカーのマーケティング部門で働くには……

健康食品は、おもに食品メーカーや薬品メーカーで開発が行われています。健康や栄養に関する専門知識《せんもんちしき》を学んでおくとよいでしょう。マーケティング部門で働くために、必要な資格《しかく》はありませんが、経済学《けいざいがく》や経営学《けいえいがく》を学び、マーケティングに関する知識《ちしき》や情報《じょうほう》も集めておくと役に立ちます。

高校

↓

大学・専門学校《せんもんがっこう》

↓

健康食品をつくる会社に就職《しゅうしょく》

Q この仕事をするには どんな力が必要ですか？

商品の企画《きかく》から商品化までには、半年から数年ほどかかります。そのため、思い通りに進まなくてもあきらめない忍《にん》耐力《たいりょく》や、計画的に粘《ねば》り強《づよ》く取り組む力が求められます。

私は、小学校からさまざまなスポーツに取り組んでいました。一時は指導《しどう》してくれる人がいないこともありましたが、決してあきらめず、友だちを誘《さそ》って運動を続けました。大学から始めたトライアスロンは現在《げんざい》も続けています。何かを粘《ねば》り強《づよ》く続ける力は、今の仕事におおいに役立っています。

井戸《いど》さんの夢《ゆめ》ルート

小学校 ▶ 水泳のオリンピック選手

テレビを見てあこがれていた。

▼

中学校 ▶ 箱根駅伝《はこねえきでん》の選手

陸上を始め、長距離走《ちょうきょりそう》が得意《とくい》だった。
駅伝ランナーが多くの人を勇気づける姿《すがた》が
かっこいいと思っていた。

▼

高校 ▶ トライアスロンの選手・健康に関わる仕事

長距離《ちょうきょり》で思うような結果が出せず、
かつて先生にすすめられた
トライアスロンに挑戦《ちょうせん》するため、
トライアスロンが強い大学への進学を目指す。
健康な人を増《ふ》やしたい、
という思いももつようになった。

▼

大学 ▶ 健康を世界に広める仕事

スポーツや健康について学べる学部に進学。
世界中の人々を健康にしたい
と考えるようになった。

Q 中学生のとき、どんな子どもでしたか？

小学生のころから水泳やサッカー、野球など、スポーツばかりしている子どもでした。中学では、水泳部に所属《しょぞく》しながら、走ることが好きな仲間たちと期間限定《きかんげんてい》でチームをつくり、陸上競技大会《りくじょうきょうぎたいかい》や駅伝大会に出場しました。通っていた中学校には陸上部がなかったので、環境《かんきょう》や設備《せつび》は整っておらず、指導者《しどうしゃ》やコーチもいませんでした。それでも、中学３年生のとき、私がキャプテンをつとめた駅伝チームが県大会に出場できたことは、忘《わす》れられない大切な思い出です。ひとつの目標に向かって、仲間とともにがんばった経験《けいけん》や自信は、今の仕事にも活きていると思います。

また、今も続けているトライアスロンに興味《きょうみ》をもったのは、中学時代の先生の言葉がきっかけです。泳ぐのも走るのも大好きな私を見て「向いていると思うよ」と言ってくれたことがずっと頭のなかにあり、トライアスロンの強い大学に進学して競技《きょうぎ》を始めました。

運動ばかりの中学時代でしたが、勉強の方も塾《じゅく》に通いながら、計画的に進めていました。得意科目《とくいかもく》は数学です。運動と同じように、ひとつの答えやゴールにたどり着く達成感が好きでしたね。本音をいうと、水泳や陸上の練習時間を確保《かくほ》するため早く勉強を終わらせたくて、集中して学習に取り組んでいたのだと思います。

陸上部がなかったが、陸上が好きな友だちが集まって、陸上競技大会《りくじょうきょうぎたいかい》に出場した。写真は、中学3年生で3000mに出場したときのもの。

県の市町村対抗駅伝《しちょうそんたいこうえきでん》に、地元の町の中学生の部の代表に選ばれたときの、チームウエア。順位は16位だったが、よい思い出となった。

Q 中学のときの職場体験《しょくばたいけん》は、どこに行きましたか？

中学２年生のとき、１週間ほど乗馬クラブに行きました。ほかにもいくつか体験先の選択肢《せんたくし》がありましたが、おもしろそうという理由で、乗馬クラブを希望しました。いっしょに体験したのは、私をふくめて３人です。馬たちが暮《く》らす「馬房《ばぼう》」という部屋の掃除《そうじ》や、食事の世話などを体験し、体験後にレポートを書いて、授業《じゅぎょう》で発表したのを覚えています。

Q 職場体験《しょくばたいけん》ではどんな印象《いんしょう》をもちましたか？

ふだんお客さんとして訪《おとず》れたときに見る「表側」と、スタッフとして仕事をする「裏側《うらがわ》」のちがいがよくわかりました。お客さんに喜《よろこ》んでもらうために、スタッフの方たちが見えないところで、整った環境《かんきょう》を用意したり、心をこめて準備《じゅんび》をしたりするのを見て、「これが『働く』ということなんだ」と実感がわきました。

また、スタッフのみなさんが愛情《あいじょう》をこめて馬たちを世話している姿《すがた》や、自分の仕事に誇《ほこ》りをもって楽しそうに働いている姿《すがた》がとてもすてきで、今も印象《いんしょう》に残っています。自分も大人《おとな》になったとき、熱中できることや打ちこめることを仕事にできたらいいなとそのとき思いました。

Q この仕事を目指すなら、今、何をすればいいですか？

基礎教科《きそきょうか》には、しっかり取り組みましょう。商品開発でコストや価格《かかく》を考えるときには数学が、栄養成分についての海外の論文《ろんぶん》や書籍《しょせき》を読むときには英語が役に立ちます。

また、家族や友だちと健康について話すこと、読書やはば広い世代の方との交流を通じてさまざまな考え方にふれることも、商品企画《しょうひんきかく》のアイデアにつながるでしょう。

熱中できるものを見つけて、一生懸命《いっしょうけんめい》取り組むことも大切です。楽しいと思えることを続けていくと、将来《しょうらい》の仕事につながるかもしれませんし、ひとつのことを継続《けいぞく》する力は、仕事をする上で大きな支《ささ》えになるはずです。

－今できること－

ふだんの暮《く》らし

自分が毎日食べているものにはどんな栄養素《えいようそ》がふくまれているのか、調べる習慣《しゅうかん》をつけましょう。栄養のバランスはとれているか、不足しているものはないかを調べておくと、健康への意識《いしき》が高まります。また適度《てきど》な運動を続けて、体調管理もしっかり行いましょう。

健康食品のマーケティングの仕事では、どんな栄養がとりづらいのか、どんな商品が求められているのか、さまざまな情報《じょうほう》を集めて分析《ぶんせき》する必要があります。何かに興味《きょうみ》をもったら、とことん調べるくせをつけましょう。

数学
健康食品のマーケティングでは利益《りえき》が出るように商品の価格《かかく》を決定したり、栄養成分の配合を考えます。数学の基礎力《きそりょく》をしっかり身につけておきましょう。

理科
健康食品を企画《きかく》するには、体の仕組みや体を構成《こうせい》する成分についての知識《ちしき》がとても重要です。

家庭科
食生活に関心をもち、健康な食生活とはどのようなものか、また、1日に必要なカロリーや、栄養素《えいようそ》についても学びましょう。

英語
健康やサプリメントに関する海外のニュースも大切です。WEB《ウェブ》サイトなどの内容《ないよう》がわかるほどの英語力を身につけられるように、語彙《ごい》を少しずつ増《ふ》やしましょう。

File No.209

アスレチックゲーム宣伝《せんでん》

Athletics Game Promotion

バンダイナムコ
エンターテインメント
森《もり》 拓也《たくや》さん
入社4年目 26歳《さい》

**大人《おとな》も子どもも
いっしょに
家で運動できる、
このゲームの魅力《みりょく》を
伝えたい**

家のなかでも、アスレチックをするように全身を使って、家族みんなで遊べる体験型《たいけんがた》ゲームが『ファミリートレーナー』です。バンダイナムコエンターテインメントでアスレチックゲームの宣伝《せんでん》を担当《たんとう》している、森拓也《もりたくや》さんにお話をうかがいました。

Q アスレチックゲームの宣伝《せんでん》とはどんな仕事ですか？

私は、バンダイナムコエンターテインメントというおもにゲームをつくる会社で、日本やアジアの各地域《かくちいき》に向けた家庭用ゲームの宣伝《せんでん》を担当《たんとう》しています。

2020年冬に、『ファミリートレーナー』というゲームが発売されましたが、私はその宣伝《せんでん》も担当《たんとう》してきました。『ファミリートレーナー』は、「絶叫《ぜっきょう》イエナカアスレチック」がキャッチコピーのゲームで、画面の前で実際《じっさい》に飛んだり、足ぶみしたり、うでをふったりして操作《そうさ》します。このゲームは、1980年代に第１作目が発売されたシリーズの最新作で、新型《しんがた》コロナウイルス感染症《かんせんしょう》の拡大《かくだい》による外出自粛《がいしゅつじしゅく》で、家で体を動かすことへの需要《じゅよう》が高まり、発売されることになりました。

『ファミリートレーナー』の宣伝《せんでん》は、発売の２か月ほど前から始まりました。宣伝《せんでん》ではまず、ゲームを購入《こうにゅう》するのはどんな人たちか、その人たちに情報《じょうほう》を届《とど》けるには、どのような方法がよいかを考えます。『ファミリートレーナー』の場合は家族向けのゲームなので、Twitter《ツイッター》などのSNS《エスエヌエス》や動画も活用しつつ、家族でいるときに目にしやすいテレビCM《シーエム》と、公式サイトの充実《じゅうじつ》に重点を置こうということになりました。

私が担当《たんとう》したのは、SNS《エスエヌエス》での発信と、ゲームの公式サイトやプロモーションビデオ（宣伝用《せんでんよう》の動画）の制作《せいさく》です。プロモーションビデオと公式サイトの制作《せいさく》は、動画やWEB《ウェブ》サイトの制作会社《せいさくがいしゃ》と行います。どちらも、制作会社《せいさくがいしゃ》にゲームのコンセプトや情報《じょうほう》を届《とど》けたい対象《たいしょう》を伝えて、どのような内容《ないよう》にするか話し合いながら完成させました。この作業と同時進行で、SNS《エスエヌエス》での情報発信《じょうほうはっしん》も行っていきました。

『ファミリートレーナー』は、発売後に何度かアップデートといって、内容《ないよう》の更新《こうしん》が行われました。アップデートは、ゲームをより遊びやすくするために行われるのですが、それを世に伝えるのも私の仕事です。SNS《エスエヌエス》やプロモーションビデオで、どの部分が改善《かいぜん》されたのか、情報《じょうほう》を発信します。

森《もり》さんが制作《せいさく》を担当《たんとう》した公式サイト。どんなゲームか知ることができたり、アップデート内容《ないよう》を紹介《しょうかい》する動画を観ることができたりする。

Q どんなところがやりがいなのですか？

宣伝《せんでん》の仕事は、ゲームの楽しさをしっかり伝えて、購入《こうにゅう》につなげることが目的です。なので、私がたずさわった宣伝《せんでん》について、お客さまからよい反応《はんのう》をもらえたときは、やりがいを感じますね。

例えば、動画投稿《どうがとうこう》サイトで公開したプロモーションビデオについてSNS《エスエヌエス》でチェックしていて、「この動画、かっこいい」「このゲーム、すごくおもしろそう」などの感想が書きこまれているのを見つけると、とてもうれしくなります。

また、展示会《てんじかい》やイベントも、お客さまのゲームへの反応《はんのう》を見ることができるよい機会です。体験ブースでお客さまが新しいゲームで楽しそうに遊んでいるのを見ると、ゲームの内容《ないよう》に自信をもつことができて、宣伝《せんでん》にも力が入ります。

『ファミリートレーナー』の「ランニング」の画面。足に「レッグバンド」を巻《ま》き、そこにコントローラーを取り付けて遊ぶ。

森《もり》さんのある1日

10：00　出社、仕事開始。メールのチェック
▼
11：00　同じ部署《ぶしょ》のメンバーと打ち合わせ、仕事の進み具合について情報共有《じょうほうきょうゆう》
▼
13：00　ランチ
▼
14：00　宣伝《せんでん》の方法や内容《ないよう》など、アイデアをまとめた資料《しりょう》の作成
▼
17：00　プロモーション動画の制作会社《せいさくがいしゃ》と打ち合わせ
▼
19：00　翌日《よくじつ》の作業予定をチェックして退社《たいしゃ》

Q 仕事をする上で、大事にしていることは何ですか？

ゲームを宣伝《せんでん》するときは、「どんなお客さまに」「何の情報《じょうほう》を伝えたいか」を明確《めいかく》にすることを大事にしています。

ゲームは大勢《おおぜい》の人の手でつくられますが、その魅力《みりょく》を伝えるのは宣伝《せんでん》の役割《やくわり》です。宣伝担当《せんでんたんとう》は、お客さまの立場にいちばん近い存在《そんざい》なので、まずは私自身がそのゲームで遊んでみて、内容《ないよう》や魅力《みりょく》を正確《せいかく》に理解《りかい》します。その上で、SNS《エスエヌエス》で投稿《とうこう》をしたり、制作会社《せいさくがいしゃ》とプロモーションビデオや公式サイトの内容《ないよう》を話し合ったりするのです。

宣伝《せんでん》が始まった後、SNS《エスエヌエス》などで世の中の反応《はんのう》を見て、担《たん》当《とう》したゲームに興味《きょうみ》をもってほしい人たちに情報《じょうほう》がうまく届《とど》いていないと感じることもあります。そんなときは、宣伝《せんでん》方法《ほうほう》を会議で話し合い、見直していきます。

SNS《エスエヌエス》やプロモーションビデオなど、宣伝《せんでん》への反響《はんきょう》を見るため、SNS《エスエヌエス》をチェックするのも仕事のひとつ。

Q なぜこの仕事を目指したのですか？

子どものころからゲームが好きで、ゲームを紹介《しょうかい》する動画やCM《シーエム》を観ていました。また、ゲームのイベントにもよく出かけました。イベントには、私と同じようにゲームが好きな人が集まるので、その場所にいるだけでとてもわくわくしました。

大学で就職活動《しゅうしょくかつどう》を始める際《さい》、あらためて仕事について考え、やっぱり自分が好きなことを仕事にしたいと思いました。それならば、子どものころからずっと好きだった「ゲーム」に関する仕事をしようと心に決めて、この業界を目指すことにしたのです。志望通《しぼうどお》りの仕事に就《つ》けて、本当によかったと感じています。

Q 今までにどんな仕事をしましたか？

入社後、最初の２年間は、「東京《とうきょう》ゲームショウ」などのゲーム関連のイベントで、ブース運営《うんえい》の仕事をしていました。

東京《とうきょう》ゲームショウは、毎年秋に行われる国内最大級のゲームの展示会《てんじかい》で、ゲームメーカー各社の発売前の新作ゲームの体験やグッズ販売《はんばい》などが行われる、ゲーム好きにはお祭りのようなイベントです。やってみたかった仕事でしたが、実際《じっさい》にブースを出展《しゅってん》する側になってみると、イベント開催《かいさい》前《まえ》から多くの準備《じゅんび》が必要で苦労しました。例えば、ブースの前には、少しでも多くの来場者の目に留《と》まるよう、大がかりなイルミネーションをほどこすのですが、そうした設備《せつび》の制作《せいさく》をふくめ、４月から準備《じゅんび》を行っていました。東京《とうきょう》ゲームショウのほかにも、大きなイベントが年に５回程度《ていど》行われるので、当時は1年中、つねに何かしらのイベントを準備《じゅんび》している状態《じょうたい》でした。

新型《しんがた》コロナウイルス感染症《かんせんしょう》の拡大《かくだい》により、イベントはオンライン形式が中心になりました。しかし、現地開催《げんちかいさい》でもオンライン開催《かいさい》でも、来場者やメディアへの応対《おうたい》、急なゲーム機の不調に対する調整など、臨機応変《りんきおうへん》なすばやい対応《たいおう》が必要なのは変わりません。大変でしたが、仕事を覚えようと、必死に食らいついていきましたね。その後、現在《げんざい》の部署《ぶしょ》に異動《いどう》となり、今はゲームの宣伝業務《せんでんぎょうむ》を担当《たんとう》しています。

Q 仕事をする上で、難《むずか》しいと感じる部分はどこですか？

宣伝《せんでん》を効果的《こうかてき》に行うためには、情報《じょうほう》を出すタイミングが大切です。発売前に、ある程度《ていど》ゆとりをもって宣伝《せんでん》を始めておかないと、売り上げにつながりにくいからです。そのため、スケジュール管理も重要な業務《ぎょうむ》のひとつなのですが、私はもともと予定を組んで動くことが苦手なタイプなので、しめきりまでの時間を逆算《ぎゃくさん》しながら山積みの仕事をかたづけていくことは、とても難《むずか》しいと感じています。

私の会社には、新入社員に先輩社員《せんぱいしゃいん》がついて、メールの送り方など社会人の基本的《きほんてき》な作法や、実際《じっさい》の業務内容《ぎょうむないよう》を教えてもらえる制度《せいど》があります。もう新入社員ではありませんが、悩《なや》んだときには、今でも当時お世話になった先輩《せんぱい》に相談しています。また、仕事で困《こま》ったことはひとりでかかえこまずに、周囲《しゅうい》に相談して解決《かいけつ》するようにしています。

Q ふだんの生活で気をつけていることはありますか？

　ゲームに関わる仕事をしているので、ゲームには、ふだんからふれるようにしています。携帯《けいたい》ゲーム機《き》やパソコンなど、ゲームができる機械は6種類ぐらい持っています。これまで遊ぶ側としてたくわえてきた知識《ちしき》が、宣伝《せんでん》する側としてゲームを語るときに活きることもあるんですよ。

　また、宣伝方法《せんでんほうほう》を考える上で、アイデアの引き出しを増《ふ》やしていきたいので、ネットニュースやテレビ番組、SNS《エスエヌエス》で話題になっていることなど、ゲーム以外のことにもアンテナを張《は》るようにしています。例えば、SNS《エスエヌエス》で話題になった商品があれば、「どうしてみんなの関心を引くことができたんだろう？」と、自分なりに分析《ぶんせき》してみるようにしています。

• ノートパソコン •

PICKUP ITEM

仕事先とのやり取りはもちろん、ゲームの公式サイトの内容《ないよう》のチェックをしたり、SNS《エスエヌエス》への投稿《とうこう》をしたりと、ノートパソコンは欠かせない仕事道具。

Q これからどんな仕事をしていきたいですか？

　私はこの会社に入社し、幸運にも自分がやりたいゲームの仕事にたずさわることができました。ただ、まだ慣《な》れない仕事があったり、難《むずか》しい業務《ぎょうむ》に直面したりすることも多くあります。以前、プロモーションビデオで使う映像《えいぞう》の手配がおくれてしまい、先輩《せんぱい》やチームメンバーにフォローしてもらったこともありました。そのため、今はとにかく経験《けいけん》を積んで、苦手な面を克服《こくふく》していきたいと思っています。

　そしていつか、先輩《せんぱい》が私にしてきてくれたように、自分が後輩《こうはい》たちの面倒《めんどう》を見て、サポートできるようになりたいです。「社会人としてどう働くか」「この業務《ぎょうむ》の注意点は何か」など、仕事の基本《きほん》についてはもちろん、後輩《こうはい》の悩《なや》みに対しても適切《てきせつ》なアドバイスができるようになれたらいいですね。先輩《せんぱい》とも後輩《こうはい》とも、コミュニケーションをしっかりとって、よい関係を築《きず》いていきたいです。

先輩《せんぱい》やチームメンバーは、仕事で行《い》き詰《つ》まったとき相談にのってくれる、頼《たよ》れる存在《そんざい》。

アスレチックゲームの宣伝担当《せんでんたんとう》になるには……

　ゲーム会社の広報《こうほう》や宣伝《せんでん》を行う部署《ぶしょ》で働くのに、必要な資格《しかく》はとくにありません。しかし宣伝担当《せんでんたんとう》をする上では、商学部や経済学部《けいざいがくぶ》、社会学部などでマーケティングやメディア関連の知識《ちしき》を学んでおくと、役立ちます。

　企業《きぎょう》によっては、専門学校《せんもんがっこう》や短大卒以上を応募条件《おうぼじょうけん》としている場合もあります。

高校
↓
大学・専門学校《せんもんがっこう》
↓
ゲーム会社に就職《しゅうしょく》

Q この仕事をするにはどんな力が必要ですか？

「自分たちが楽しいと思えるものをつくる力」や「自分たちがつくったものを楽しいと思う力」が必要だと考えています。自分たちが自信をもって楽しいと言える商品でなければ、お客さまに楽しいと思ってもらえることはありません。

『ファミリートレーナー』の場合、実際《じっさい》に自分たちも遊んでみたところ、ふたりで協力して体を動かし、クリアするゲームは楽しいのですが、子どもには少し操作《そうさ》が難《むずか》しい部分もありました。そうした点の改善《かいぜん》を制作担当《せいさくたんとう》に提案《ていあん》して、自信をもって「楽しい」と伝えられるようにしました。

また、体を動かすゲームは他社からも出ていて、筋《きん》トレやダイエットの効果《こうか》などを売りにしています。他社の商品とちがう部分をアピールするのはもちろんですが、同じジャンルのゲームを販売《はんばい》するので、最初は同じように運動の効果《こうか》も宣伝《せんでん》していました。しかし、「子どもが体を動かして遊べることをすごく楽しんでいた」というお客さまの声に注目し、運動の効果《こうか》というよりも「家族みんなでとにかく楽しく、家のなかで体を動かせる」ことをアピールした方が、このゲームの魅力《みりょく》がより伝わると思い、方向性《ほうこうせい》を転換《てんかん》しました。

自信をもって宣伝《せんでん》できるよう、ときにはゲームの内容《ないよう》も宣伝内容《せんでんないよう》もおそれず変化させることが重要だと思います。

Q 中学生のとき、どんな子どもでしたか？

小さなころから体が弱く、ゲーム好きな子どもで、休日は自宅《じたく》や友人の家でゲームをして過《す》ごすインドア派《は》でした。

中学校では入りたい部活がなくて、どうしようかと思っていたところ、ちょうどテニスのマンガを読み、そのかっこよさに影響《えいきょう》されてテニス部に入りました。自分はそれまでまったく運動をしてきておらず、運動神経《うんどうしんけい》もよくないタイプなのに、いきなり硬式《こうしき》テニス部に入ったので両親はおどろいていましたね。

部活は想像以上《そうぞういじょう》に厳《きび》しく、つらい世界で、何度も辞めようと思いましたが、何とか３年間あきらめずに続けました。中学生最後のダブルスの試合で、初めて勝つことができたときは、とてもうれしかったです。

勉強の成績《せいせき》は悪くはありませんでしたが、毎日地道にコツコツ勉強するのが得意《とくい》ではなく、試験前になってあわてて勉強するタイプでした。好きな科目は英語で、小学校４年生ぐらいまで英会話教室に通っていました。両親が好きだった海外ドラマを食事のときにずっといっしょに観ていたおかげか、中学校・高校を通じて英語に苦手意識《にがていしき》をもつことはありませんでした。今、アジア地域《ちいき》を担当《たんとう》していて、英語でメールを書いたりコミュニケーションをとることも多く、仕事に活きているな、と感じます。

森《もり》さんの夢《ゆめ》ルート

小学校 ▶ プログラマー

ゲームが好きだったので、
ゲームをつくる仕事がしたいと思っていた。

▼

中学校・高校 ▶ とくになし

将来《しょうらい》についてあまり深く考えていなかった。

▼

大学 ▶ ゲーム業界の仕事

自分の好きなことに関係した仕事に
就《つ》きたいと考えた。

中学生のときに読んだマンガ。この作品の影響《えいきょう》でテニス部に入部した。

Q 中学のときの職場体験《しょくばたいけん》は、どこに行きましたか？

職場体験《しょくばたいけん》に何年生で行ったかは忘《わす》れてしまったのですが、確《たし》か「この年の○年生はここに行く」という感じで、学年ごとに行く先が決まっていたと思います。私たちは食品メーカーの工場に行って、一連の仕事の流れを見学しました。その後、ラベルをはったり、箱詰《はこづ》めをしたりと、中学生でも手伝える作業も経験《けいけん》させてもらいました。

Q 職場体験《しょくばたいけん》ではどんな印象《いんしょう》をもちましたか？

工場で体験した仕事は簡単《かんたん》な作業でしたが、どの仕事にもそれなりにコツや慣《な》れが必要だと身をもって知りました。また、このような仕事が、多くの人の生活を支《ささ》えているのだと実感しました。

職場体験《しょくばたいけん》をしたことで、その仕事についてどう思うかというよりは、「仕事そのもの」がどのように社会を支《ささ》えているのか、仕事がどんな風に社会に役立っているのかを考えるようになりました。

両親や学校の先生以外の人が社会人として実際《じっさい》に働く姿《すがた》をじっくりと見たことがあまりなかったので、仕事について考えるよいきっかけになったと思います。

Q この仕事を目指すなら、今、何をすればいいですか？

まず、ゲームで遊んでほしいですね。この業界で働く以上、ゲームに関する知識《ちしき》をもっていて損《そん》はありません。知《ち》識《しき》があることで、「ここがこう変わったんだな」「ここをアピールしたら人気が出そうだな」と、新しいゲームの機能《きのう》や宣《せん》伝材料《でんざいりょう》になるポイントを理解《りかい》しやすくなります。

さらに、自分がゲームの広告《こうこく》や映像《えいぞう》をみたときにどう感じたかを覚えておくと、将来《しょうらい》、この仕事に就《つ》いたときに助けになってくれると思います。自分がお客さまの立場でどのように感じたかは、とても大切です。お客さま目線で情報《じょうほう》を発信すると、よいものが制作《せいさく》できると思います。

ー今できることー

ふだんの暮《く》らし

アスレチックゲームを宣伝《せんでん》する仕事では、ゲームの魅力《みりょく》や体を動かすことの楽しさを遊んでくれる人に伝えます。そのためには、自分自身がゲームのよさや特徴《とくちょう》、運動の効果《こうか》について理解《りかい》している必要があります。さまざまなゲームにふれて、ゲームに関する知識《ちしき》を身につけるとともに、運動も経験《けいけん》しておくとよいでしょう。

またゲーム製作《せいさく》の現場《げんば》では、スケジュール管理や、臨《りん》機応変《きおうへん》な対応《たいおう》が求められます。日ごろから時間管理に気をつけるなど、何事も早めの行動を心がけましょう。

国語 プロモーションビデオを制作《せいさく》したり、宣伝活動《せんでんかつどう》を行うなかで、さまざまな人と関わります。語彙力《ごいりょく》や、プレゼンテーション能力《のうりょく》をみがいておくとよいでしょう。

社会 多くの人に愛される商品を売り出すためには、社会のことをよく知る必要があります。社会の授業《じゅぎょう》を通して、世情《せじょう》や世の中のトレンドを把握《はあく》しておきましょう。

美術 動画の制作《せいさく》をすることもあります。商品の魅力《みりょく》を伝えられるよう、映像制作《えいぞうせいさく》を体験しておくと役立ちます。

英語 海外のグループ会社とやりとりをすることもあります。メールや打ち合わせで、英語でコミュニケーションをとれるように、英語力をみがいておきましょう。

File No.210

寝具《しんぐ》メーカー広報《こうほう》

Bedding Manufacturer PR

エアウィーヴ
吉《よし》田《だ》杏《きょう》香《か》さん
入社4年目 25歳《さい》

人は眠《ねむ》らなければ生きていけません。眠《ねむ》ることで疲《つか》れをとり、翌日《よくじつ》を元気に過《す》ごせるのです。人間に欠かせない「睡眠《すいみん》」について研究し、快適《かいてき》に眠《ねむ》るための寝具《しんぐ》をつくるエアウィーヴで、広報《こうほう》として働く吉《よし》田《だ》杏《きょう》香《か》さんにお話をうかがいました。

質《しつ》のよい
睡眠《すいみん》をもたらす
寝具《しんぐ》の魅力《みりょく》を
お伝えします!

Q 寝具《しんぐ》メーカーの広報《こうほう》とはどんな仕事ですか？

エアウィーヴは、ベッドマットレスなどの寝具《しんぐ》を製造《せいぞう》して販売《はんばい》する会社です。私たち広報《こうほう》の仕事は、メディアなどを通して商品の魅力《みりょく》をたくさんの人に知ってもらうことです。

エアウィーヴでは、アスリートとスポンサー※契約《けいやく》を結び、寝具《しんぐ》を提供《ていきょう》したり、睡眠《すいみん》カウンセリングを行って寝具選《しんぐえら》びのアドバイスをしたりして支援《しえん》を行っています。私は広報《こうほう》として「アスリートサポート」の業務《ぎょうむ》を担当《たんとう》しています。アスリートとのスポンサー契約《けいやく》が決まったら、その方に商品の説明をしたり、その方の試合日程《しあいにってい》を把握《はあく》したりします。その後もアスリートの方に、テレビコマーシャルや、雑誌《ざっし》の広告《こうこく》、イベントなどに愛用者として出演《しゅつえん》してもらうために、日程《にってい》の調整や打ち合わせなどを行います。

アスリートの方に商品のよさを知っていただくためにも、体形の測定《そくてい》を行い、最適《さいてき》なマットレスを選ぶ「フィッティング」や、睡眠《すいみん》に関する悩《なや》みを聞く「睡眠《すいみん》カウンセリング」を行っています。

エアウィーヴは、東京《とうきょう》2020オリンピック・パラリンピック競技大会《きょうぎたいかい》の公式スポンサーとして、選手村に約1万8000床《しょう》の寝具《しんぐ》を納入《のうにゅう》しました。私は、大会スポンサーであることを活用し、自社ホームページや広報資料《こうほうしりょう》にオリンピックのロゴを使用するための申請手続《しんせいてつづ》きを行いました。また、選手村に納入《のうにゅう》する寝具《しんぐ》をイベントや雑誌《ざっし》、WEB《ウェブ》サイトで紹介《しょうかい》するなど会社の広報活動《こうほうかつどう》をしました。大会中は選手村にフィッティングブースをつくって、多くの選手の体形を測定《そくてい》し、ひとりひとりの体に合った最適《さいてき》な寝具《しんぐ》を提案《ていあん》しました。

フィッティングでは、測定器《そくていき》を使う。大型《おおがた》モニターについているカメラの前で、体の正面と側面を撮影《さつえい》し、身長や体重などの情報《じょうほう》を入力すると、体形にあったかたさのマットレスが導《みちび》き出《だ》される。

Q どんなところがやりがいなのですか？

すべての人に必要な「睡眠《すいみん》」に関わる仕事をしているところにやりがいを感じます。エアウィーヴの商品を使用して「よく眠《ねむ》れるようになった」と言ってもらえたときは、とてもうれしいです。

東京《とうきょう》2020大会《たいかい》では、多くのアスリートに寝具《しんぐ》を使っていただく機会を得《え》ることができました。選手村の寝具《しんぐ》を気に入った外国人選手からは「寝具《しんぐ》を持って帰りたい」と、選手団《せんしゅだん》のコーチからは「選手が遠征先《えんせいさき》で寝《ね》ていて、体が痛《いた》くなると言わなかったのは初めて」と言われ、商品のよさを知ってもらえてうれしく思いました。

「睡眠《すいみん》の質《しつ》が試合結果に結びつくと思うとやりがいとともに責任《せきにん》も感じます」と吉田《よしだ》さん。

吉田《よしだ》さんのある1日（東京《とうきょう》2020大会準備期間中《たいかいじゅんびきかんちゅう》）

08：45 出社。メールやその日にやることの確認《かくにん》
▼
09：00 オリンピック・パラリンピックのロゴ使用のための申請作業《しんせいさぎょう》
▼
10：00 契約《けいやく》アスリートへのサポート業務《ぎょうむ》
▼
11：00 選手村でフィッティングブースを運営《うんえい》するための最終チェック
▼
12：00 ランチ
▼
13：00 選手村のフィッティングブースの運営《うんえい》
▼
17：30 報告書作成《ほうこくしょさくせい》
▼
18：00 退社《たいしゃ》

用語 ※スポンサー ⇒後援者《こうえんしゃ》のこと。イベントやスポーツチームに、お金や技術《ぎじゅつ》、品物を提供《ていきょう》して支援《しえん》する。スポンサー企業《きぎょう》にとっては、企業名《きぎょうめい》が出ることで会社の宣伝《せんでん》になる。テレビの場合は、番組のスポンサーになることでCM《シーエム》を放送することができる。

Q 仕事をする上で、大事にしていることは何ですか？

報告《ほうこく》、連絡《れんらく》、相談の「ほう・れん・そう」を大事にしています。重要な内容《ないよう》はひとりで決断《けつだん》せずに、必ず上司やチームの仲間、関係先などに相談をして、意見を求めます。

例えば、東京《とうきょう》2020大会《たいかい》の選手村に設置《せっち》した、ベッドの使い方の説明書きについて、デザインを周囲《しゅうい》に相談したときは、「疲《つか》れて眠《ねむ》いときに細かい説明は読まない」という指摘《してき》がありました。これを受けて、ひと目で使い方がわかるように写真を大きくし、文字を減《へ》らしたんです。懇切丁寧《こんせつていねい》に説明するのではなく、内容《ないよう》を簡潔《かんけつ》に表示《ひょうじ》することで逆《ぎゃく》にわかりやすくなると気づき、勉強になりました。

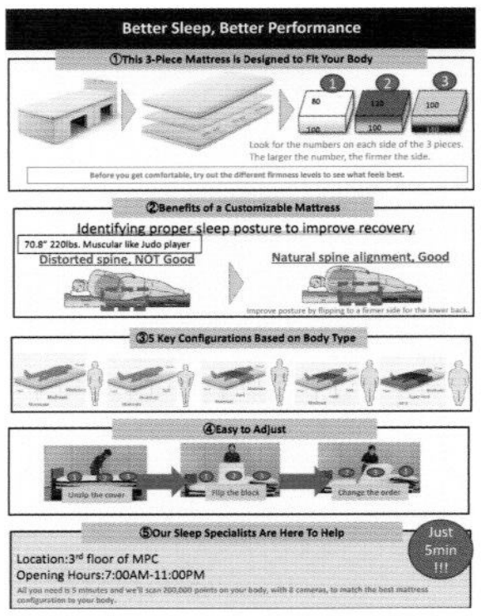

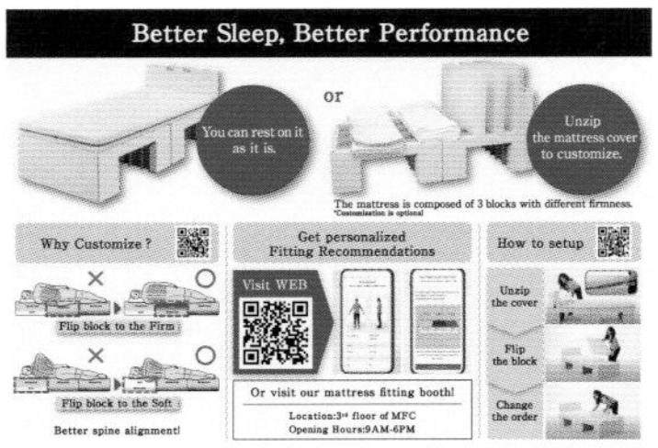

修正前《しゅうせいまえ》の説明内容《せつめいないよう》（左）と、アドバイスをもとに、選手に伝わりやすいよう変更《へんこう》したもの（右）。

Q なぜこの仕事を目指したのですか？

体を動かすのが好きで、スポーツに関わる仕事がしたいと考えていました。アスリートを支《ささ》える商品をあつかう会社に興味《きょうみ》をもって就職活動《しゅうしょくかつどう》をしていたところ、エアウィーヴと出合いました。

当初寝具《しんぐ》メーカーへの就職《しゅうしょく》は考えていませんでしたが、説明会でオリンピックの公式スポンサーだということを知り、興味《きょうみ》がわきました。しかも、すべての人に不可欠《ふかけつ》な「睡眠《すいみん》」をあつかう会社です。一流のアスリートたちに愛用されていることも、私にとっては魅力的《みりょくてき》でした。ここなら私の希望の仕事ができると感じて入社しました。

Q 今までにどんな仕事をしましたか？

入社した年にマーケティング部に配属《はいぞく》され、SNS《エスエヌエス》の運用《うんよう》担当《たんとう》をしました。当時はまだ会社のTwitter《ツイッター》を見てくれる人が少なかったので、フォロワーを増《ふ》やすために1日1回投稿《とうこう》していました。毎日投稿《とうこう》するネタを考えるのは大変でしたが、他部署《たぶしょ》とコミュニケーションをとったり、限《かぎ》られた文字数で何かを伝えたりすることは、今も役立っています。

閲覧数《えつらんすう》が増《ふ》えたことで、イベントに声をかけていただき、出展《しゅってん》したこともあります。そのときは、自社の商品を配置したベッドルームのような空間をつくり、より多くの方に写真を撮《と》ってもらい、SNS《エスエヌエス》で話題にしていただけるよう、工夫しました。SNS《エスエヌエス》を活用した取り組みは、前例がなく苦労することもありましたが、とてもよい経験《けいけん》になりました。

SNS《エスエヌエス》で目を留《と》めてもらえるよう、吉田《よしだ》さんが考えてベッドやイスなどの家具を配置した、イベントの出展《しゅってん》スペース。

Q 仕事をする上で、難《むずか》しいと感じる部分はどこですか？

突発的《とっぱつてき》な業務《ぎょうむ》や、想定外の事態《じたい》が起きたときは、難《むずか》しさを感じます。そんなときはあせらずに、ひとつずつ問題を解決《かいけつ》していくようにしています。

通常《つうじょう》、マットレスのフィッティングは、日時を決めて行うので、私は約束の時間に会社で契約《けいやく》アスリートの方が来るのを待っています。しかし、東京《とうきょう》2020大会《たいかい》の選手村でフィッティングブースを運営《うんえい》したときは、こちらから選手を呼《よ》びこまないと立ち止まってくれませんでした。私はどうやったらブースに来てもらえるか、とても悩《なや》みました。そのときは、ほかの部署《ぶしょ》のメンバーにも協力してもらってチラシを配ったり、開設時間《かいせつじかん》を長くできないか交渉《こうしょう》したり、いろいろな方法を試し、何とか選手に来てもらうことができました。

Q ふだんの生活で気をつけていることはありますか？

しっかり睡眠《すいみん》をとるようにしています。睡眠《すいみん》のカウンセリングをしている本人が睡眠不足《すいみんぶそく》では、説得力《せっとくりょく》がないですよね。よい睡眠《すいみん》には、眠《ねむ》り始《はじ》めにスムーズに体温を下げることが大切です。一度体を温めておくと体温が下がりやすくなるため、寝《ね》る１時間ほど前には白湯《さゆ》を飲み、ストレッチをしています。

また、適度《てきど》な運動も睡眠《すいみん》には大切なので、意識《いしき》して体を動かすように心がけています。休日などに気分転換《きぶんてんかん》のためにするのは、キックボクシングや登山です。

東京《とうきょう》2020大会《たいかい》関連で作成した資料《しりょう》の一部

メガネ

制服《せいふく》

PICKUP ITEM

東京《とうきょう》2020大会《たいかい》で作成した大量の資料《しりょう》の一部。商品のカタログや、寝具納入《しんぐのうにゅう》までの計画書など多岐《たき》に渡《わた》った。資料《しりょう》はパソコンで作成するため、ブルーライトカットのメガネを愛用。制服《せいふく》は、ふだんアスリートのフィッティングを行うときに着用している。

Q これからどんな仕事をしていきたいですか？

睡眠《すいみん》カウンセラーとして、知識《ちしき》のはばを広げていきたいです。サポートするアスリートの方などから、「寝《ね》つきが悪い」「眠《ねむ》りが浅くて疲《つか》れがとれない」など、睡眠《すいみん》についての悩《なや》みを聞く機会があります。以前、「なかなか眠《ねむ》れない」と言う方に私がアドバイスした際《さい》、「すでにやっている」と言われてしまい、その先が続けられなかったことがありました。すると、横にいた先輩《せんぱい》が「眠《ねむ》れないときは一度起きてリラックスして、無理して寝《ね》なくても大丈夫《だいじょうぶ》ですよ」とフォローしてくれました。相手が納得《なっとく》するのを見て、説得力《せっとくりょく》のある言葉で質《しつ》の高いアドバイスができる先輩《せんぱい》はさすがだと尊敬《そんけい》しました。

私も相手の悩《なや》みに親身に寄《よ》りそって、改善《かいぜん》につながる的確《てきかく》なアドバイスができるようになりたいです。

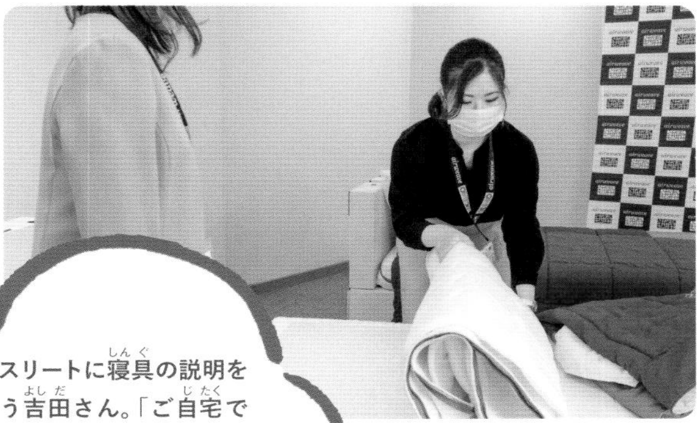

アスリートに寝具《しんぐ》の説明を行う吉田《よしだ》さん。「ご自宅《じたく》で自分の体形にあったかたさに組み変えて使用してもらえるように、マットレスの使い方を説明します」

寝具《しんぐ》メーカーの広報《こうほう》になるには……

寝具《しんぐ》と関わりの深い「睡眠《すいみん》」や「生活習慣《せいかつしゅうかん》」の知識《ちしき》が役立ちます。健康と睡眠《すいみん》の関係が学べる健康科学部のある大学に進んで、専門知識《せんもんちしき》を身につけましょう。また、テレビや雑誌《ざっし》などメディアを使った宣伝方法《せんでんほうほう》や消費者《しょうひしゃ》の行動を学べるマーケティングを専攻《せんこう》しておくと、広報《こうほう》の仕事に活きてきます。ほかには、睡眠健康指導士《すいみんけんこうしどうし》※の資格《しかく》の取得《しゅとく》もおすすめです。

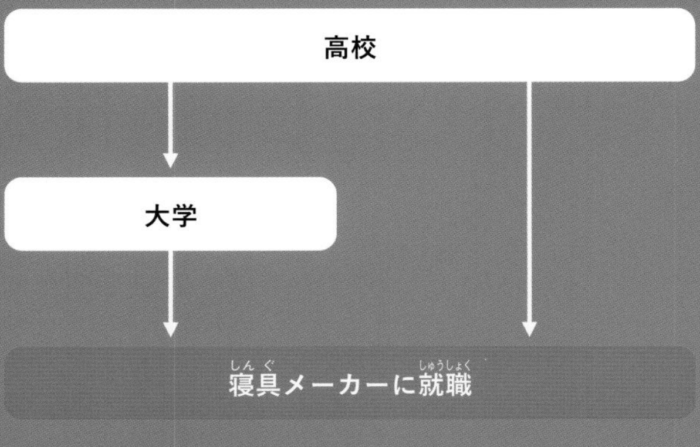

用語　※睡眠健康指導士《すいみんけんこうしどうし》⇒睡眠《すいみん》と健康の関係について正しい知識《ちしき》を学び、その知識《ちしき》を人々に伝えられると認定《にんてい》された人。民間資格《みんかんしかく》のひとつ。

Q この仕事をするにはどんな力が必要ですか？

成果が出づらくても、地道に取り組む力が必要だと思います。エアウィーヴは睡眠《すいみん》の質《しつ》を追求し、新しい技術《ぎじゅつ》で製《せい》品《ひん》をつくりだしています。睡眠《すいみん》と健康に関する知識《ちしき》を積極的に身につけ、技術《ぎじゅつ》や製品《せいひん》のよいところをしっかり伝えられるよう、商品を開発している人たちから情報《じょうほう》を受け取ることが大切です。得《え》た知識《ちしき》や情報《じょうほう》などの発信がすぐに成果に結びつくわけではありませんが、丁寧《ていねい》に伝え続けることが、５年後、10年後につながると思います。

また、コミュニケーション力も大切です。広報《こうほう》はお客さまやアスリートと会話する機会が多い仕事なので、人と話すことが好きな人や明るい性格《せいかく》の人が向いています。私は社内だけではなく、社外の人ともふだんからコミュニケーションをとるように心がけています。

吉田《よしだ》さんの夢《ゆめ》ルート

小学校 ▶ 体操選手《たいそうせんしゅ》・ダンサー

体を動かすことが好きだった。

▼

中学校 ▶ 保育士《ほいくし》

ダンサーで食べていくのは難《むずか》しいと知り、
子ども好きだったことから
保育士《ほいくし》に興味《きょうみ》をもった。

▼

高校 ▶ 理学療法士《りがくりょうほうし》・アスレティックトレーナー

陸上部での経験《けいけん》から、スポーツをする人を
支《ささ》える仕事に就《つ》きたいと思い始めた。

▼

大学 ▶ スポーツ用品などのメーカー

アスリートを支《ささ》える商品をつくるメーカーに
興味《きょうみ》をもつようになった。

Q 中学生のとき、どんな子どもでしたか？

中学校では陸上部に入りました。100mと200m、それに4×100mリレーの短距離《たんきょり》が専門《せんもん》です。ものすごく負けずぎらいだったので、「絶対《ぜったい》にリレーの選手に選ばれたい」という思いを胸《むね》に練習にはげみました。努力のかいあって選手に選ばれ、大会でメダルがとれたのはうれしかったですね。

また、クラスの代表委員や学校行事の実行委員として、積極的に活動しました。とくに記憶《きおく》に残っているのは、音楽祭の実行委員としてクラス全体をまとめたことです。朝練習に来てくれない男子がいて、来てもらうのに苦労しましたね。そのほか、学年練習の事前打ち合わせや音楽祭の司会、指《し》揮台《きだい》などの運搬《うんぱん》まで担当《たんとう》して、みんなを引《ひ》っ張《ぱ》りました。東《ひがし》日本大震災《にほんだいしんさい》の年だったので、リハーサル中に地震《じしん》が発生して本番が延期《えんき》になってしまい、会場も変更《へんこう》になりました。それでも「震災《しんさい》で被害《ひがい》にあってしまった方にも歌声を届《とど》けよう」という気持ちで取り組んだことを覚えています。

3年生で、リレーの選手に選ばれて、準優勝《じゅんゆうしょう》し、メダルをもらった。（左から2番目）「リレーの選手だったメンバーとは今でも仲がよく、連絡《れんらく》を取り合っています」

Q 中学のときの職場体験《しょくばたいけん》は、どこに行きましたか？

私は「子どもが好き」という理由で保育士《ほいくし》になりたいと考えていたので、保育園《ほいくえん》に行きました。子どものころからずっとダンサーになりたいと思っていましたが、自分のなりたい職業《しょくぎょう》について調べていくうちに、保育士《ほいくし》にも興味《きょうみ》をもったからです。

班長《はんちょう》として保育園《ほいくえん》で職場体験《しょくばたいけん》をした後は、感想を書いて冊子《さっし》にまとめました。

Q 職場体験《しょくばたいけん》ではどんな印象《いんしょう》をもちましたか？

職場体験《しょくばたいけん》で実際《じっさい》に保育園《ほいくえん》で働いてみたら、保育士《ほいくし》の仕事は子どもと楽しく過《す》ごすだけではないことに気づきました。教材の作成、食事やお昼寝《ひるね》の準備《じゅんび》などのほか、ときには子どもをしかることもあります。

中学生の段階《だんかい》で保育士《ほいくし》の実際《じっさい》の仕事を知れたのは、とても貴重《きちょう》な体験でした。職場体験《しょくばたいけん》は、自分の夢《ゆめ》に向けて何をすべきなのかを考える、よいきっかけになったと思っています。

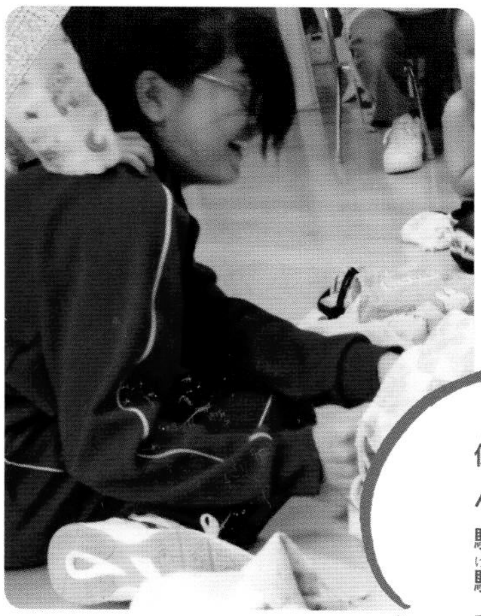

保育園《ほいくえん》で子どもと遊ぶ吉田《よしだ》さん。右は職場体験《しょくばたいけん》の感想と体験したことをまとめた「職場体験日誌《しょくばたいけんにっし》」。「保育士《ほいくし》はピアノがひけないと、なれないと思って、職場体験《しょくばたいけん》をきっかけに電子ピアノを買ってもらいました」

Q この仕事を目指すなら、今、何をすればいいですか？

友だちや家族とたくさんコミュニケーションをとりましょう。お客さまやアスリートの睡眠《すいみん》に関する悩《なや》みを聞く仕事なので、人の気持ちに寄《よ》りそうことが大切です。学生時代から人と関わって、会話力をみがいてください。

英語の勉強も大切です。海外のアスリートにカウンセリングを行うことも増《ふ》え、英語でコミュニケーションをとったり、資料《しりょう》を作成することも多いからです。

また、目標に向かって一生懸命《いっしょうけんめい》取り組んだことは必ず自分の力になります。部活動でがんばった経験《けいけん》は、日々厳《きび》しい練習を続けるアスリートの気持ちに寄《よ》りそうことができ、信頼関係《しんらいかんけい》につながると思いますよ。

ー今できることー

ふだんの暮《く》らし

広報《こうほう》の仕事では、コミュニケーション能力《のうりょく》と積極性《せっきょくせい》、信頼感《しんらいかん》が求められます。クラスや学校の行事、部活動など、グループでの活動に積極的に参加して、だれとでも楽しく会話する技術《ぎじゅつ》をみがいておきましょう。

さらに、睡眠《すいみん》をサポートする寝具《しんぐ》のよさを伝える広報《こうほう》には、伝える相手である買う人の視点《してん》も必要です。自分の睡眠《すいみん》の質《しつ》はよいか、よく眠《ねむ》れるようにするには、まくらや布団《ふとん》などをどうすればよいかなど、まずは自分にとっていちばんの睡眠環境《すいみんかんきょう》をつくってみましょう。

国語　広報《こうほう》には、消費者《しょうひしゃ》が何を求めているかを感じとる力と商品のよさを伝える力が不可欠《ふかけつ》です。たくさんの文章にふれて、感受性《かんじゅせい》や表現力《ひょうげんりょく》、語彙力《ごいりょく》をみがきましょう。

美術　広報《こうほう》では、商品をいかによく見せるかも、重要な要素《ようそ》です。美術作品《びじゅつさくひん》の鑑賞《かんしょう》を通じて、美しい見せ方、商品の引き立たせ方などの感性《かんせい》を養いましょう。

保健　健康な生活と、睡眠《すいみん》や休養の重要性《じゅうようせい》について、しっかり学んでおきましょう。

英語　海外に向けて広報活動《こうほうかつどう》をすることがあります。英語でコミュニケーションが取れるように英会話力を身につけましょう。

仕事のつながりがわかる

健康の仕事 関連マップ

ここまで紹介《しょうかい》した健康の仕事が、
それぞれどう関連しているのか、見てみましょう。

調査依頼《ちょうさいらい》

調査報告《ちょうさほうこく》

依頼《いらい》

運動

体を動かしたい人や運動不足の人に、レッスンやゲームで機会を提供《ていきょう》する。

P.10

オンラインヨガインストラクター

オンラインのレッスンで、ヨガのポーズのとり方や呼吸《こきゅう》の整え方を指導《しどう》し、体の仕組みやヨガに関する知識《ちしき》とその効果《こうか》を教える。

P.28

アスレチックゲーム宣伝《せんでん》

全身のトレーニングができるゲームの魅力《みりょく》を伝えるために、公式サイトの運営《うんえい》、プロモーションビデオの制作《せいさく》、SNS《エスエヌエス》での情報発信《じょうほうはっしん》など、宣伝活動《せんでんかつどう》を行う。

レッスン

調査《ちょうさ》・情報収集《じょうほうしゅうしゅう》

情報発信《じょうほうはっしん》・宣伝《せんでん》

調査会社《ちょうさがいしゃ》

試作品を、消費者《しょうひしゃ》に試飲してもらうなどの調査《ちょうさ》を行う。

広告代理店《こうこくだいりてん》

商品の広告活動《こうこくかつどう》を請《う》け負《お》い、イベントなどを行う。

調査《ちょうさ》

キャンペーン・イベント

ユーザー・消費者《しょうひしゃ》

商品やサービスを利用する人たち。健康に関わる仕事をする人たちは消費者《しょうひしゃ》がどんなものを求めているかをつねに意識《いしき》している。

調査《ちょうさ》・情報収集《じょうほうしゅうしゅう》

情報《じょうほう》発信《はっしん》

情報収集《じょうほうしゅうしゅう》・情報発信《じょうほうはっしん》

調査《ちょうさ》・情報収集《じょうほうしゅうしゅう》

SNS《エスエヌエス》

企画《きかく》などのために消費者《しょうひしゃ》の意識《いしき》を知る情報《じょうほう》源《げん》。また商品やサービスの情報《じょうほう》を発信する場。

情報《じょうほう》収集《しゅうしゅう》

科学者

体の仕組みや臓器《ぞうき》の働きなどについて研究、実験を行い論文《ろんぶん》を発表。

情報収集《じょうほうしゅうしゅう》

共同研究

医師《いし》・管理栄養士《かんりえいようし》

患者《かんじゃ》の治療《ちりょう》や健康管理《けんこうかんり》、健康指《けんこうし》導《どう》や栄養指導《えいようしどう》などを行う。

情報収集《じょうほうしゅうしゅう》

共同研究

健康管理

さまざまな機器で人々の健康管理をサポートする。

P.16

体組成計開発

体脂肪率《たいしぼうりつ》のように健康をはかるための指標を組みこんだり、より精度《せいど》を上げたりして、価値《かち》の高い体組成計を開発する。機器のプログラム設計《せっけい》も担当《たんとう》。

※このページの内容《ないよう》は一例です。会社によって、仕事の分担《ぶんたん》や、役職名《やくしょくめい》は大きく異《こと》なります。

食

食事だけでは不足しがちな栄養を補《おぎな》う健康食品を通じて、人々の健康をサポートする。

P.22

健康食品マーケティング

市場《しじょう》調査《ちょうさ》や試飲《しいん》調査《ちょうさ》などから、商品のアイデア出しや商品化を行う。商品の魅力《みりょく》を伝える広告活動《こうこくかつどう》も担当《たんとう》。

要望 →

← 開発

商品開発

味、成分などの要望に基《もと》づき、試作品をつくる。さらに細かな調整などをして商品化する。

睡眠《すいみん》

ベッドやマットレスなど寝具《しんぐ》を通じて、人々の質《しつ》の高い睡眠《すいみん》をサポートする。

P.34

寝具《しんぐ》メーカー広報《こうほう》

睡眠《すいみん》と健康に関する知識《ちしき》をもとに、商品の魅力《みりょく》を伝える。スポンサー契約《けいやく》をしたアスリートの睡眠《すいみん》カウンセリングなども行う。

アスリートの意見・感想 →

← 商品知識《しょうひんちしき》情報《じょうほう》

商品開発

睡眠《すいみん》の質《しつ》に関する研究を行い、快適《かいてき》な眠《ねむ》りのために、新しい技術《ぎじゅつ》や製品《せいひん》を開発する。

商品提供《しょうひんていきょう》・睡眠《すいみん》カウンセリング →

← 商品への意見・感想・宣伝活動《せんでんかつどう》

アスリート

契約《けいやく》を結び、商品やサービスの提供《ていきょう》を受ける。テレビや雑誌《ざっし》の広告《こうこく》に出演《しゅつえん》したり、イベントに参加したりする。

ファッションブランド

技術力《ぎじゅつりょく》とファッション性《せい》、ブランド力などの強みを組み合わせた商品を企画《きかく》する。

商品提供《しょうひんていきょう》 →

共同製作《きょうどうせいさく》

意見・感想 宣伝活動《せんでんかつどう》 ↓

↑ 商品提供《しょうひんていきょう》・サポート

用具（シューズ）

機能性《きのうせい》の高いシューズで、人々の運動や健康、またアスリートをサポートする。

P.4

シューズ商品企画《しょうひんきかく》

消費者《しょうひしゃ》の声を聞いて企画《きかく》を立て、どんなシューズをつくるかを決める。デザイン→調達→生産という流れ全体のまとめ役になる。

まとめ役 →

デザイン デザインを考える。

調達 素材《そざい》を調達する。

製造《せいぞう》 商品を生産する。

商品情報《しょうひんじょうほう》 →

営業《えいぎょう》 商品をショップなどに販売《はんばい》。

これからのキャリア教育に必要な視点《してん》 36

すべての仕事は健康に通ず

▶ 健康ビジネスは巨大《きょだい》な市場

今、世界的に健康意識《けんこういしき》が高まっています。自然食品や低《てい》糖質食品《とうしつしょくひん》、サプリメントなどの需要《じゅよう》が拡大《かくだい》し、スポーツジムやヨガなどで体を動かす人が数多くいます。インターネットの広がりとともに、健康に関する情報《じょうほう》にふれる機会も増《ふ》えています。

日本における健康に関するビジネスの規模《きぼ》は、2016年に約25兆円だったものが、2025年には約33兆円になると推《すい》計《けい》されています。そして、近年の新型《しんがた》コロナウイルスの感《かん》染拡大《せんかくだい》により、人々の「健康」への関心はさらに加速しました。感染予防《かんせんよぼう》のために在宅勤務《ざいたくきんむ》が増《ふ》えたことで運動不足になったり、個人《こじん》の時間が増《ふ》えたりして「ヘルスケア」の市場はますます注目されています。

また、健康保険制度《けんこうほけんせいど》の整備《せいび》や医療《いりょう》の進歩などにより、平《へい》均寿命《きんじゅみょう》ものびています。日本では1955年に男性63.6歳、女性《じょせい》67.75歳《さい》だったのが、2019年には男性《だんせい》81.41歳《さい》、女性《じょせい》87.45歳《さい》となりました。2040年には男性《だんせい》の42%が90歳《さい》まで、女性《じょせい》の20%が100歳《さい》まで生存《せいぞん》するという推計《すいけい》もされていて、「人生100年時代」はすぐそこまできています。

▶ 心の健康も大事

1980年代終盤《しゅうばん》、「24時間戦えますか?」という有名なキャッチフレーズの栄養ドリンクのCM《シーエム》がテレビで流れていました。疲《つか》れていても栄養ドリンクで元気を出してどこまでも働く、そういう時代だったのです。その後、働《はたら》き過《す》ぎによって心身の健康がおびやかされることが問題となりました。政府《せいふ》も「働き方改革《かいかく》」を発信し、企業《きぎょう》はこれまでの仕事のあり方を見直すことになります。働く側も、「自分で自分の健康を守る」という意識《いしき》をもつようになりました。この意識《いしき》は、体を守るだけでなく「心の健康」を守ることにもつながります。

日本《にほん》ヘルスケア協会《きょうかい》は2015年に、ヘルスケアという言葉を「自らの『生きる力』を引き上げ、病気や心身の不調か

日本人の平均寿命《へいきんじゅみょう》の推移《すいい》

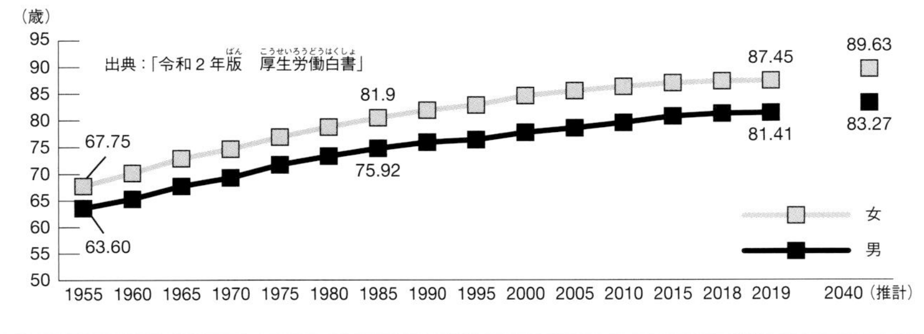

平成の約30年間(1989〜2019年)で約5年ほど平均寿命《へいきんじゅみょう》がのびたことがわかる。2040年には、平均寿命《へいきんじゅみょう》はさらに2年以上のびると見こまれている。

※2019年までは厚生労働省政策統括官《こうせいろうどうしょうせいさくとうかつかん》付参事官付人口動《じんこうどう》態《たい》・保健社会統計室《ほけんしゃかいとうけいしつ》「令和元年簡易《かんい》生命表」、2040年は国立社会保障《しゃかいほしょう》・人口問題研究所「日本の将来推計《しょうらいすいけい》人口(平成29年推計《すいけい》)」における出生中位・死亡中《しぼうちゅう》位《い》推計《すいけい》。

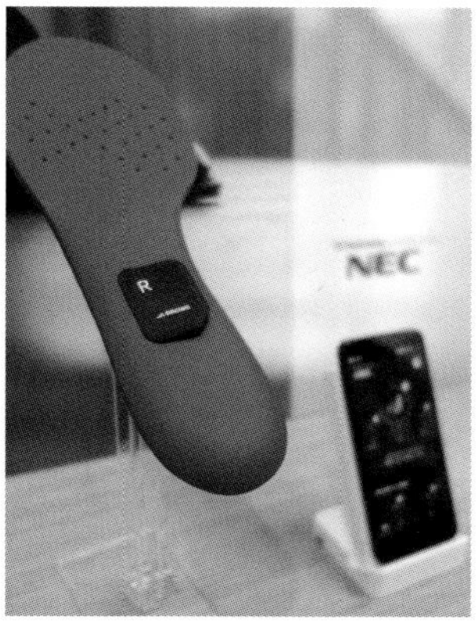

写真提供：朝日新聞社

パソコンなどを中心につくってきた電機メーカーのNEC《エヌイーシー》と、健康管理アプリのFiNC《フィンク》が共同開発したセンサー内蔵《ないぞう》の靴《くつ》の中敷《なかじ》き。日常《にちじょう》の歩行データを自動で記録することで、個人《こじん》の健康状態《けんこうじょうたい》に合わせたアドバイスが届《とど》く。一見ヘルスケアとは関連がなさそうな分野の企業《きぎょう》でも、得意《とくい》な技術《ぎじゅつ》を「健康」とかけあわせることで新たな商品が生み出せる。

らの『自由』を実現《じつげん》するために、各産業が横断的《おうだんてき》にその実現《じつげん》に向け支援《しえん》し、新しい価値《かち》を創造《そうぞう》すること、またはそのための諸活動《しょかつどう》」と定義《ていぎ》しました。生きる力を引き上げるためには、体だけでなく心の健康も重要なのです。

この本に出てくるヨガを教えるインストラクターは、ヨガに出合い、ストレスから解放《かいほう》されたと感じたことから、インストラクターに転職《てんしょく》。しかし、仕事を始めてみると、1日に数か所のスタジオを電車で移動《いどう》しなくてはならず、レッスン以外の部分で疲《つか》れを感じてしまったのだといいます。そんなとき、自宅《じたく》からオンラインでレッスンができる現在《げんざい》の会社の存在《そんざい》を知り、働き方を見直すことを決意。新しい働き方を取り入れることで、彼女《かのじょ》は自分の心と体を守ることができました。

▶ すべてのビジネスが「×健康」に

世界の人々が健康を求めるようになると、すべての仕事が健康と関わるようになりました。商品やサービスの開発にも健康の視点《してん》が欠かせません。例えば、「アップルウォッチ」のように身につけているだけで運動量や心拍数《しんぱくすう》などが計測《けいそく》できる機器や、体重や睡眠時間《すいみんじかん》などを記録するとＡＩ《エーアイ》が自分に合った運動メニューを提案《ていあん》してくれるアプリなど、ＩＴ《アイティー》と健康をかけあわせた商品やサービスが次々と登場し、人気となっています。

ミズノでシューズの商品企画《しょうひんきかく》をしている人は「ミズノの技術力《ぎじゅつりょく》を活かしたシューズで、世界中の人々を足もとからハッピーにしていきたい」と言っています。健康を支《ささ》える商品を企画《きかく》することは、ただ体によいものをつくるだけでなく、幸せにつながると考えているのです。

将来《しょうらい》の仕事を考えるとき、「健康」という要素《ようそ》をないがしろにしないように意識《いしき》してください。私たちひとりひとりが、体だけでなく、心もふくめて元気な状態《じょうたい》が「健康」なのだと認識《にんしき》することが、生きやすく、持続可能《じぞくかのう》な社会の実現《じつげん》につながるはずです。

PROFILE《プロフィール》

玉置《たまおき》 崇《たかし》

岐阜聖徳学園大学教育学部教授《ぎふしょうとくがくえんだいがくきょういくがくぶきょうじゅ》。
愛知県小牧市《あいちけんこまきし》の小学校を皮切りに、愛知教育大学附属名古屋中学校《あいちきょういくだいがくふぞくなごやちゅうがっこう》や小牧市立小牧中学校管理職《こまきしりつこまきちゅうがっこうかんりしょく》、愛知県教育委員会海部教育事務所所長《あいちけんきょういくいいんかいあまきょういくじむしょしょちょう》、小牧中学校校長《こまきちゅうがっこうこうちょう》などを経《へ》て、2015年4月から現職《げんしょく》。数学の授業名人《じゅぎょうめいじん》として知られる一方、ICT《アイシーティー》活用の分野でも手腕《しゅわん》を発揮《はっき》し、小牧市《こまきし》の情報環境《じょうほうかんきょう》を整備《せいび》するとともに、教育システムの開発にも関わる。
文部科学省「校務《こうむ》におけるICT活用促進事業《アイシーティーかつようそくしんじぎょう》」事業検討委員会座長《じぎょうけんとういいんかいざちょう》をつとめる。

さくいん

【取材協力】

ミズノ株式会社　https://corp.mizuno.com/jp/
SOELU株式会社　https://www.soelu.com/
株式会社タニタ　https://www.tanita.co.jp/
アサヒグループ食品株式会社　https://www.asahi-gf.co.jp/
株式会社バンダイナムコエンターテインメント　https://www.bandainamcoent.co.jp/
株式会社エアウィーヴ　https://airweave.jp/

【写真協力】

ミズノ株式会社　p7
株式会社バンダイナムコエンターテインメント　p29
株式会社エアウィーヴ　p36

【解説】

玉置 崇（岐阜聖徳学園大学教育学部教授）　p42-43

【装丁・本文デザイン】

アートディレクション／尾原史和（BOOTLEG）
デザイン／石井恵里菜・加藤 玲（BOOTLEG）

【撮影】

平井伸造

【執筆】

山本美佳　p4-9、p28-33、p34-39
酒井理恵　p10-15、p16-21
小川こころ　p22-27
安部優薫　p42-43

【企画・編集】

西塔香絵・渡部のり子・佐藤美由紀（小峰書店）
常松心平・一柳麻衣子・中根会美・飯沼基子・酒井かおる（オフィス303）、安部優薫

キャリア教育に活きる！

仕事ファイル36

健康の仕事

2022年4月9日　第1刷発行

編　著　小峰書店編集部
発行者　小峰広一郎
発行所　株式会社小峰書店
〒162-0066東京都新宿区市谷台町4-15
TEL 03-3357-3521　FAX 03-3357-1027
https://www.komineshoten.co.jp/
印　刷　株式会社精興社
製　本　株式会社松岳社

NDC 366 44p 29×23cm
ISBN978-4-338-35104-1

センパイに聞く

キャリア教育に活きる！

仕事ファイル

第1期 全7巻

① ITの仕事
システムエンジニア、プログラマー
CGアニメーター、プランナー、WEBデザイナー
サウンドクリエーター

② メディアの仕事
映像クリエーター、YouTubeクリエーター、アナウンサー
広告ディレクター、編集者、グラフィックデザイナー

③ ファッションの仕事
ファッションデザイナー
ファッションイベントプロデューサー
カメラマン、ヘア&メイクアップアーティスト
プレス、スタイリスト

④ ショップの仕事
雑貨店店長、アパレルショップ店長、
百貨店バイヤー、オンラインモール運営
園芸店店長、書店員

⑤ フードの仕事
レシピサービス運営、調理師、菓子開発者
パティシエ、フードコーディネーター、農家

⑥ インターナショナルな仕事
映像翻訳家、留学カウンセラー、商社パーソン
旅行会社営業、日本ユネスコ協会連盟職員、JICA職員

⑦ 新しいキャリア教育ガイドブック

第2期 全6巻

⑧ サイエンスの仕事
気象予報士、データサイエンティスト
JAXA研究者、JAMSTEC研究者、ロボット開発者
科学コミュニケーター

⑨ 学校の仕事
中学校教諭、特別支援学校教諭、保育士
司書教諭、スクールカウンセラー、文房具開発者

⑩ 住まいの仕事
デベロッパー、建築家、大工、家具職人
プロダクトデザイナー、生活雑貨バイヤー

⑪ 動物の仕事
水族園調査係、WWFジャパン職員
盲導犬訓練士、獣医師、動物保護団体職員
動物園飼育係

⑫ メディカルの仕事
歯科医、フライトドクター、心臓血管外科医
オペナース、医薬品研究者、再生医療研究者

⑬ 伝統文化の仕事
着物デザイナー、江戸切子職人、花火ディレクター
あめ細工師、こけし工人、日本酒蔵人

第3期 全7巻

⑭ マネーの仕事
銀行員、証券会社システム開発、造幣局職員
電子マネー企画、公認会計士
ファイナンシャルプランナー

⑮ スポーツの仕事
スポーツアナウンサー、スポーツマーケター
プロ野球球団職員、スポーツトレーナー
スポーツ用品メーカー営業
eスポーツプレーヤー

⑯ 旅行の仕事
客室乗務員、エコツアーガイド
観光タクシードライバー、日本政府観光局職員
ホテリエ、旅行サイト制作

⑰ 海の仕事
海上保安官、漁師
スクーバダイビングインストラクター
航海士、造船技師、水産食品研究者

⑱ 山の仕事
林業作業士、アウトドアメーカー広報
自然保護官、山岳ガイド、山岳救助隊員、火山研究者

⑲ 福祉の仕事
手話通訳士、点字フォント発明家、介護福祉士
理学療法士、義肢装具士、ケースワーカー

⑳ 美容の仕事
美容師、エステティシャン、ネイルアーティスト
ビューティーアドバイザー、化粧品研究者、美容皮膚科医